꽃잎의 흉터

전 숙 제4시집

시 와 사 람

국립중앙도서관 출판사도서목록(CIP)

꽃잎의 흉터 : 전숙 제4시집 / 지은이: 전숙. -- 광주
: 시와사람, 2017
p. ; cm. -- (시와사람 서정시선 ; 057)

광주문화재단의 문예진흥기금을 지원받아 제작되었음
ISBN 978-89-5665-493-5 03810 : ₩10000

한국 현대시[韓國現代詩]

811.7-KDC6
895.715-DDC23 CIP2017022674

꽃잎의 흉터

■ 시인의 말

꽃잎의 흉터는
시인의 가슴에 눈물고랑을 낸다.

방울방울 흘러내리는 눈물고랑…
눈물을 찍어서
무릎 꿇는 마음으로
퍼즐맞추기를 하듯
꽃잎의 별자리를 복원하고 싶었다.
흉터 이전의 자리에 되돌리고 싶었다.

팔이 짧고 가슴이 메말라서
안아주지 못한 멍자국…
되돌리지 못한 흉터…

꽃잎에게…
흉터에게…
미안하다.

2017년 8월
매미와 함께 울다
전 숙 삼가

꽃잎의 흉터/차례

꽃잎한장 풍경 너머

꽃잎두장 무릎을 꿇다

꽃잎석장 눈금

꽃잎넉장 나누다

꽃잎다섯장 가사시-꽃잎의 흉터

꽃잎여섯장 다시 읽는 그리움

꽃잎한장

풍경 너머

우리 형우

뇌수막염을 앓은 형우
우리 병동의 공동남동생이다
어린아이 지능으로, 뒤틀린 근육으로
왜곡된 시간을 비쭉비쭉 건너고 있다
해맑은 미소로 천진한 몸짓으로
눈동자에는 막막한 어둠이 출렁인다
형우는 휠체어에 앉아
밤새 개구리울음으로 이빨을 간다
낮에 어머니가 다녀갔다는데
그리움이 남실대는
어머니에게로 흘러가느라
저리 개구리울음으로 이빨을 가나보다
그리움의 주머니를 한껏 부풀려
엄마엄마엄마엄마엄마엄마
그리움이 깊어질수록 가락을 낸다
엄마엄마 엄마엄마 엄마엄마
말을 잊고 이빨로 우는 형우
울음의 끝은 간질발작이었다
발작은 길었다
발작을 끝내고서야 형우는
그리움을 놓아주고 잠이 들었다.

서서평

서서평을 아시나요?
32세 꽃나이에 서원하고 처녀로 22년
가난한 선교지를 섬기고 푸른 눈을 감기까지
고아와 걸인과 나환우와 과부와 소박데기의 어머니가 된 그이,
강냉이가루 2홉, 담요 반 장, 현금 7전을 유산으로 남긴 그이,
낡은 담요의 반마저 이름 없는 걸인에게 내어준 그이
삶은 성공이 아니라 섬김이라는 그이
오롯이 눈물이어서
꽃잎 한 장 덧붙이기 미안한
가난한 흙을 덮은 조선의 어머니.

낙타의 눈물

낙타는 감동을 잘 받는단다
어미가 새끼를 밀어내고
젖을 먹이지 않으면
마두금 악사는
오직 어미를 위해
양수처럼 출렁이는 가락을 연주한단다
단조의 슬픈 강물이 어미의 고막을 흔들면
기댈 것이라곤 입 다문 허공뿐이던
아픈 시간이 지워지고,
만삭의 배를 부드럽게 차던
꼬막발을 기억해낸
어미의 눈시울에는 뜨거운 눈물이
사막의 은하수처럼 흘러간단다
이윽고 어미는
적의를 드러낸 엄마의 이빨이 무서워
먼 산만 바라보던
새끼를 안아 젖을 물린단다.

별빛찾아가는낙타들
G. Bell

공주는 좋겠네

국민학교 일학년 때 일이다
친구들과 공주가 주인공인 만화책을 보며
"공주는 좋겠네. 맨날 맨날 예쁜 옷만 입고~"
모두들 부러워서 한숨 쉬는데
한 친구가 쭈뼛거리며
"우리 엄마 공주다." 그러는 거였다
나는 똑똑한 척
"우리나라에 공주 없는데~"
의혹의 눈초리를 잔뜩 보냈다
그 친구는 탄력을 받았는지
"참말이야, 사람들이 우리 엄마보고 양공주라 그래."
나는 또 고개를 갸웃하며
"이상하네. 공주 없는데~"
의심을 풀지 못하고 헤어졌다

그리고 오십여 년이 흘렀다
이제 일곱 살에게는 양공주도 공주인 거 알겠는데
"너네 엄마, 공주여서 정말 좋겠다."
인정해주고 싶은데
그 친구 이름도 얼굴도 생각나지 않아
바람에게 사과한다
"친구야, 의심한 거 정말 미안해."

주름치마를 그리다
G.Bell

슬픔은 번진다

세월호 인양하던 날
치매어르신이 말씀하신다
"이리 와서 웃기는 연극 한 번 해봐.
왼종일 테레비가 슬퍼서 내 맴이 영 안 좋아."
이름도 까먹고 가족도 몰라보는 치매꽃

어쩌자고 슬픔은
꽃물처럼 막무가내로 번져서

모래사장 같은 가슴에
파도치고 바람 불어
달래도 달래도 들썩이는 밤.

스마트폰 우사

아침식탁,
햇살 같은 마음살
주지도 받지도 않는 스마트폰 우사의 비육우들
씹어도 씹어도 냉담의 가죽뿐이다
초원을 질주하던 유전자가 지워진다
근육질의 다리와 말끔이 사라진다
손가락과 눈동자만 살찌운 스마트폰 비육우들
마블링 같은 SNS에 갇힌다

집이 사라진다
아무도 달빛에 취하지 않는다
홀로 핀 꽃이 홀로 고실라진다.

비육우를 씹다

1.
아침상에 오른 쇠고기를 씹는다
노동이 사라진 휴식을 씹는다
자유가 사라진 안전을 씹는다
강제로 주입된 강물을 마신다
울에 갇혀서 한걸음의 자유도 얻지 못한 육질은
바스티유의 저항처럼 하얀 창살을 새겨 넣었다
고문에 순종한 육질이 단말마처럼 저를 옭아맨 문자들
마블링이 꽃처럼 피어있다
예쁜 꽃을 피우기 위해 필요한 것은 순종이다
순할수록 고기는 연해진다.

2.
오늘 아침 상에 오른 그는 투사였나 보다
오로지 질김으로 버티고 있다
말라비틀어진 그의 시간에서 순종의 육즙을 찾고자
휘젓는 젓가락들
마지못해 흘러나오는 그렁한 육즙은
눈물이라기보다
최루탄이 짜내는 절규다
물폭탄은 그의 어디를 강타했을까
물폭탄도 받아친 그의 질긴 신념을
어금니로 거세게 몰아붙이다가 뱉고 만다
여우처럼 한 마디 한다
너는 너무 질겨…

울어라, 여름

누군가에게는 울음이 도를 깨치는 일이다
매미는 일주일을 울기 위해
무덤에서 칠년 동안 수행한다
득도하는 순간 울음이 솟구친다
나무마다 울음이 납작 붙어있다
여름은 블랙홀처럼 울음소리로 빨려든다
울음이 하도 곡진해서
세상의 모든 고막은 함께 울고 만다
속수무책이다
울어라, 여름.

풍란에게

죽은 듯 시들어버린 풍란의 뿌리를 잘랐다
하얀 실 같은 명줄이 버티고 있다
이끼로 감싸서 바위에 붙이니
무게를 버린
뿌리가 허공에 길을 낸다
풍찬노숙이라고 함부로 말하지 말라
지상을 떠나
허공을 거처로 삼고자 했을 때
그는 알았을 것이다
댓돌의 짚신을 되돌아보는
산고 든 어미의 절박함으로
뼛속을 비워내야
날개 없이 난다는 것을…

누나!

일곱 살 누나가
네 살배기 남동생 손잡고 오줌 누이러 간다
남자화장실에 들여보내고 문밖에서
"탈탈 털고 나와." 하니
안에서 "응, 누나!" 한다.

누나!
'엄마'의 반열에 오른,

정겨움이
실타래처럼 풀리는 꽃이름.

도시의 불빛

꽃들이 피어나고 있었다
새들이 날개치고 있었다
도시의 불빛이 별빛처럼 일렁이고 있었다
나하고 아무 까닭 없는 일렁임일지라도
저 흔들림 중에 하나이고 싶다
내 가여운 심장이 아스라한 벼랑을 오를 때
까치발로 기다리는 독도의 땅채송화처럼
그대의 불빛에 기대고 싶다
우리 서로 다른 궤도에 묶여서
한 걸음도 다가서지 못하는 오직 빛이어서
마음 한 조각 기쁘게 베어 물지 못하고
한평생 일식도 월식도 다만 꿈일지라도
헌 박스를 업고 가는 등 굽은 할미꽃 같은
그대와 함께 일렁이고 싶다
서로가 모르는 향기의 간절함
서로가 느끼지 못하는 바람의 혀처럼
내가 모르는 그대의 눈물이
그대가 모르는 나의 눈물이
고독의 바다에 난파선으로 떠돌 때
달무리처럼 더 이상 울먹이지 말라고
땅채송화처럼 어디선가 까치발로 웃고 있을
내 안의 그대에게
그대 안의 나에게
우리는 그렇게 서로를 모르며

우리는 그렇게 서로를 그리며
날개 돋는 소설에 우리 같이 날개치고
꽃피는 시집에 우리 같이 피어나는
별빛처럼 일렁이는 것만으로도
우리 서로 살아갈 까닭이 되는…

오빠나무

허허벌판이 아니다
나무는 등허리로 바람을 막고 누이를 안아준다
오빠의 그늘에 든다
괜히 든든하다
괜히 배부르다
밤길에도 무섭지 않다
어깨가 으쓱해진다
가슴이 쑥 나온다
무리지어 나는 박새가족
오빠가 누이를 업고 달빛다리를 건너고 있다
오빠나무는 모든 여동생들의 밥이다.

모래내*

그 강에 발을 담그면
멜갑시 어머니를 생각하네

온 식구 들랑거리며
젓내 맡고
밥 먹고
빨랫감 던져놓고

아침에 일어나면
머리맡에 개안이 다려져있던
재첩 같은 일상들

어느 모래 한 알 소홀함 없이
발 씻기고 머리 빗겨서
학교 보내는 어머니

섬진강에는 세상의 어머니들이 산다.

*모래내 : 섬진강의 옛 이름

벚꽃엔딩*

엔딩이 꽃비로 내리는 일이면
엔딩, 그것 지옥을 면할 수 있을까

우리 사랑이 시들어서
마른 가슴만 남아
더 이상 눈물로도 껴안을 수 없을 때

한 잎 한 잎 떨어져
눈물로 내리는 날
물기를 탈탈 털어 바지랑대에 널던 빨래처럼
슬픔을 털어 살가운 바람에 말리면

전쟁에 나갈 때
뒷목에 향을 발랐다는 사무라이 최후의 날에
적장의 후각에 스며들던 향내 자욱할까

엔딩, 그것 향기롭다면
추억의 무릎관절이 조금 덜 아플까
꽃비로 날리면
허공의 디딤돌마다 망각의 별 하나씩 박혀서
자비의 빛으로 그리움을 지워줄까

봄비에 젖은 벚꽃엔딩은

보도블록에 봉분처럼 쌓이는데
내 사랑은 봉분도 없이 흩날리네.

*벚꽃엔딩 : 가요 “벚꽃엔딩”에서 제목을 빌려옴.

사람의 봄

사람의 봄은 어디에서 오는가

가슴뼈에 묻은 꽃잎에서
개울물에 떠내려간 꽃신에서
주저앉아 바라보는 먼 산에서

날갯짓하는 아지랑이처럼
그리운 구름 한 점
봄의 보꾹*에 떠있다.

*보꾹 : 하늘 또는 지붕 안쪽

사월

언어가 있기 전부터 전설인 것들이 있다

잡았던 손을 놓쳐버린 뒤에도
꽃잎처럼 뜨겁던
체온은 남겨진 시간을 무한대로 데우고

마주 보던 눈부처에서
두근거리던 공기가 영원을 건너
벌과 나비를 흔들어주는 것처럼

기억하려 애쓰지 않아도
나이테처럼
각인되는 것들이 있다

피어나는 일은 과거도 미래도 아니다
그것은 현재진행형
언제까지나 너는
나의 가슴 두드리는 현재.

그러한 까닭으로 지금 나는
처음 그대로의 두근거림으로
너에게로 피어나는 중이다.

아직 끝나지 않은 이야기

일곱 살 아이가 달리는 열차에 뛰어들었다
아이에게는 수년 째 중병을 앓는 엄마가 있었다
주머니에서 삐뚤삐뚤 쓰인 쪽지가 발견되었다

'수호천사가 되어서 엄마를 간호해줄게'

아픈 엄마에게 아무 것도 해줄 수 없던 아이는
무릎 꿇고 기도했다
작은 손바닥을 꽃잎처럼 겹치고
별똥별이 떨어지는 밤에는 화살기도를,
햇살이 눈부신 어느 봄날에는
엄마의 여윈 손을 붙잡고
복수초 같은 사랑을 쬐며 까무룩 졸기도 했다

일곱 번 꽃이 피었다가 지는 동안에
아이에게 꽃이 들려준 이야기는
죽으면 수호천사가 된다는 전설이었다

코끼리군단처럼 달려온 열차에
꽃망울이 망울망울 흩어졌다

생목숨을 고치무덤에 묻은 애벌레에게
날개가 돋아나듯이
목숨으로 엄마를 사랑한

아이의 날갯죽지에서도
오래전 퇴화한 날개가 돋아나고 있었다.

신호등

신호등을 볼 때면 약속의 아름다움을 생각한다
민머리는 잠깐 쉬어가라는 빨강신호등이다
암병동 은영씨가 머리를 밀고 왔다
한 움큼씩 빠지는 게 속상해서
아예 삭발했다는 그이
맨몸에 옷을 입듯 민머리에 모자를 쓴다

삼손처럼 머리에 슬픔을 묻은 암병동 꽃잎들
머리카락이 돋아나면
신호등도 녹색으로 바뀔 것이다.

일주문에 들다

–단풍든 불회사

차별화된 무엇이 되고자 일주문에 든다
들어서는 아무에게나
불회사는 철없는 아침놀처럼 히죽거린다
순간, 극진한 한 말씀 걸어오신다

철나지 않는 것이 해탈이구나
좋고 싫음을 놓는 것이 극락이구나

한 바퀴 돌아 나오니
묵직하게 내리누르던 깃대봉이
단풍든 감나무처럼 벌겋게 날고 있다

단풍은 곱게 물든 추억 하나씩
인연 닿은 옷깃마다 정성스레 꿰매주고
마중 나온 석장승할매에게로 돌아가는 중이다

비자 숲 너머 활활 타는 달마를
석장승할배가 노을화로에 담고 있다.

지팡이

지팡이 짚고 가는 그믐달

기울어진 몸을 지탱하고 있다

약을 먹고 있는 그믐달

아픈 시간을 지탱하고 있다

달맞이꽃 손을 잡는 그믐달

외로운 세월을 지탱하고 있다

그늘막

일흔둘에 옛사랑이 사랑초그림을 선물했다
햇살만 받으면 꽃을 피워대는 사랑초
그림을 펼쳐둔 채 동네마트에 가는데
만나는 바람들이 흠흠거린다
어디선가 향기 풀풀
사금사금 사금 든 꽃잎이 반짝거린다

햇살이 스러졌다고 한숨짓지 말 것
일흔둘의 그늘막을 치우면

대낮처럼 눈부신

오라, 햇살!

일흔둘의 그늘막을 해제한다.

아파트 숲

수백수천이 모여 사는 아파트를 보아라
위층 누가 기침하는지
아래층 누가 밥 짓는지 모르면 어떠랴

진달래, 개나리, 무궁화 이름표 달고
1층뿌리는 10층가지를 받치고
20층우듬지는 하늘을 받친다
엘리베이터 체관을 타고 계단 물관을 흘러서
30층은 무성한 잎을 내어 그늘을 만들고
20층엔 열매가 열리고 1층은 꽃을 피운다

체관 노랫소리가 반갑고
물관 걸음걸이가 정겹다
단추 풀어헤치고 소맷자락 흔드는 와이셔츠
베란다빨래끼리 손인사한다

서로의 그늘에 열기를 식히고
서로의 하루가 옹기종기 기대 사는…
아파트 숲.

마을에서 바다까지
비렁길이 된 물길
G. Bell

풍경 너머

요구르트 파는 엄마
곁에 다섯 살 꼬마, 쭈그려 앉았다
손을 꼬고 몸을 비틀고 하품을 하는 사이
심심한 구름 몇 채 목구멍에서 퐁퐁 기어나온다
묘목을 어르는 엄마눈동자에 이슬 몇 방울 다녀가신다

젊고 고운 엄마
아파트 단지 초입에서 다디단 아파트를 올려다본다
거대한 단맛을 움켜쥐려고
다리가 저리도록 하늘을 우러러
우주의 간극을 오가는 사이
묘목은 훌쩍 무성해진다

칭얼거리는 아이 입에 요구르트 흘러든다
단맛은 혀의 문을 닫는 능력이 있다
칭얼거림은 꾸벅거림으로 퇴화한다
불만제로의 시간이 번개처럼 선거를 치른다
허기진 길고양이 침묵을 찢는다
자본의 미소처럼 차갑게
쌓여있던 요구르트빌딩 와르르르 무너진다

무너지는 아파트를 붙잡는 엄마
데구루루 굴러가는 희망을 잡으러
쪼르르르 달려가는 아이의 등을

팔랑팔랑 바람이
모기지론처럼 찔.끔.찔.끔. 밀어준다.

차꽃 지는 밤

돋아나는 아기별처럼
앳된 망울로 와서
너를 피우고
돌아가는 밤
누구라도 그렁한 눈물에 젖고 싶을 때가 있다
노을 스러지고
달도 이우는 밤
덜 덖인 시간에서는 풋내가 나는데
하현처럼 차꽃은 지고…
너를 몇 번이나 안을 수 있을까
머리 풀린 리본만 남긴 채
바람은 마지막처럼 꽃을 안는다
말 밖의 말로
생의 가마솥은 달구어지고
우리 모두는 몸부림쳤다
울음 대신 향기를 짓고
슬픔 대신 꽃을 피운 네가
후드득후드득
맨발로 떠나는 밤.

칼라유죄

-보양식에게

등허리는 왜 푸르러서

껍질은 왜 시뻘게서

눈동자는 왜 샛노래서

잡아먹히는 겨…

뼈마디는 왜 왜 새카매서…

핑계

자목련, 왜 늦게 왔니?
수줍게 웃으며
미안, 염색하고 오느라고 늦었어

응~ 그랬구나~

하얀철쭉, 너는 왜 늦었어?
하얀 머리카락 찰랑이며
미안, 탈색하고 오느라고…

에구구구~ 그랬어~

말도 안 되는 핑계를 대도
마음을 끄덕여주는
자애로운 꽃밭이 있어
꽃들은 아기처럼 사랑스럽다.

사랑에게

별빛처럼 일억 광년 전의 이별이기를
바람처럼 투명하게 스치기를
구름처럼 흔적 없이 지나기를
어쩌다 한 번은
성난 강물처럼
내 마른 영혼에 범람하기를
뜨거운 손 불쑥 내밀지 말고
간절한 눈빛
마주치지 말고
귀퉁이에서 바라만 보기를
풀꽃처럼 피었다가
소낙비 내리는 날에 스러져
눈물 보이지 않기를.

하늘 베끼기

푸른 정신이 무섭고
맑은 마음이 부끄러워
결코 베낄 수 없는

경전.

하루살이

고비에 쏟아지는 은하수처럼
하루살이 별들이 쏟아진다

하루살이는 하루가 130억년이고
은하수는 130억년이 하루다
하루든 130억년이든

목울대 쉬도록 안 울었으랴
날갯죽지 삭아 내리도록 날갯짓 안 했으랴
첫사랑에 천둥번개 안 쳤으랴

다만 하루뿐일지라도
사랑은 둥둥둥
우주에 북소리 울린다.

하피첩*

약천에서 길어온 찻물이 달아
방안 가득 슬픔이 끓어올랐다
마음 붉은 하피는 붉디붉게 타오르고
어두워진 만덕산은 사금 든 노을을 폈다
노랑턱맷새 목울대에 일렁이던
보일 듯 말 듯 수줍던 화촉불도 스러져
무릎 꿇고 쓸어보는 다섯 폭 스란치마
족두리 쓴 연지 같은
노을에 흐느끼는 시간이 서책처럼 쌓였다

사내는 눈물 대신 먹물을 풀었다
한 획 한 획 먹물보다 더 캄캄한
눈물을 노을이 마셨다

병풍바위에 매화꽃은 피어 새를 부르고
사내는 호랑가시나무 붉은 열매에 찔려
한 장 한 장 핏줄에게로 빨려들었다
붓길 사무친 자리마다 핏방울
방울방울 맺혀
노을은 핏빛으로 성큼성큼 되돌아갔다.

*하피첩 : 정약용의 강진 귀양시절에 부인이 보내준 하피
(신부가 예복으로 입는 붉은 활옷)로 만든 소책자

꽃잎두장

무릎을 꿇다

나무의 마음

팔월이다
나뭇잎을 살랑이는 나무들
어서 오라는 손짓 같다
은하수처럼 반짝이며 콸콸콸 그늘을 흘려보낸다
그늘에 들자 불화로 같던 열기가 식는다
돌아서면 또 한 잎씩 별자리가 돋아난다
무슨 마음이 저리도 지극할까
세상의 어미들이 새끼들 먹이듯이
그늘을 키우던 나무는
겨울이 오면 별이 사라지듯 잎을 떨어뜨릴 것이다
흉터의 각질이며
그늘을 키우다가 부러진 팔뚝이며
드러내놓고 발가벗을 것이다
수치심을 견디며
한 치의 그늘도 남기지 않을 것이다
칼바람과 눈보라를 맨살로 받아낼 것이다
한줌의 햇살도 허비하지 않고
제 발밑에 웅크린 여린 것들
얼어붙은 몸을
구들장처럼 데울 수 있도록…

프랑스는 나폴레옹을 사랑하지 않는다

영웅이란 무엇일까
피를 딛고 태어나는 것이 영웅이라면
나는 그런 영웅 뒷간에 버리겠다
누구나 영웅이 되고 싶다
누구나 스타가 되고 싶다
누구나 주연이 되고 싶다
그들이 짓밟고 선 것들
그들이 게걸스럽게 들이킨 것들
피와 눈물이라면
그 나라에서는 영웅이 될 수 없다
혁명은 피에게서 태어난다
하여도
피를 위한 피가 아니라면
눈물을 위한 눈물이 아니라면
영웅이 될 수 없는 나라
프랑스를 사랑한다.

군함도

세상의 모든 비극은 군함도에 와서 무릎을 꿇는다
태양을 강탈한 일장기가 칼날처럼 파도친다
흉터의 눈물에 북받쳐 오르는 안개가 먹먹하다
원자탄이 파먹은 등골, 녹아내린 폐와 콩팥
한평생을 피오줌과 차오르는 숨길로 버텼다

해저 1000미터 막장이 입을 벌리면 울분처럼 떠다니는 석탄가루, 메아리치는 절규, 피고름으로 흘러내리는 절망, 고향 삽짝의 그리움, 배가 고파 막장이 빙빙 도는 피골에 떨어지는 채찍질, 밤마다 울부짖는 상처에 발길질하는 파도, 헛구역질하는 어린 누이들, 고문에, 살상에 밤송이처럼 뒹구는 신음소리…

파도에 휩쓸린 흉터들이 해안에 떠돌고 있다. 이 떠도는 울음을 어떻게 보듬어야 시가 되는 걸까? 아직도 미쳐 날뛰는 저 파도를 어찌 꾸짖어야 엎드려 자복할까? 어떤 꽃무늬로 베를 짜야 갈기갈기 찢긴 가슴을 천의무봉으로 되돌릴까? 어떤 햇살로 종을 쳐야 이 자욱한 슬픔이 걷힐까….

섬이된 壽石들
G.Bell,

무궁화꽃이 피었습니다

무궁화꽃이 피었습니다
세상의 꽃들이 축제를 열 때
봄이거나 말거나 면벽수행 하더니
꽃들의 향연이 끝나고 빈 술병이 어지러운
어느 더운 날, 무궁화꽃이 피었습니다
여자는 100일 동안 밥을 차리듯 꽃을 피웠습니다
여자는 사랑을 숨기지 않았습니다
사랑이 기둥처럼 길어나 여자의 중심이 되었습니다
여자를 지탱하는 기둥이 가로등처럼 환해서
캄캄한 나그네도 쉬이 꽃을 찾았습니다

무궁화꽃이 떨어졌습니다
노을이 단심처럼 낯붉힐 때
여자는 꽃잎을 말아 스스로 염을 하고
꽃관에 못을 박았습니다
시간을 둘둘 말아 첩첩이 말린 여자
아무도 여자의 대낮을 읽을 수 없었습니다
댓돌에 놓인 고무신이 꽃잎 같았습니다
방문 걸어 잠그고 꽃이 떨어졌습니다
누구의 조문도 받지 않고
도로롱 말려
왔던 길로 되돌아갔습니다.

젊은시절의 어머니 참고왔었는데
G. Bell.

동주에게

시가 죽어나가는 세상에서
시처럼 죽어간 사내를 생각한다

어쩌면 흙터,
어쩌면 꽃잎,
어쩌면 바람,

죽지만 말아다오
기도는 시처럼 사라지고
주검으로 돌아온 사내
주검으로 돌아온 시

살아서 흙터였으나
별이 된 사내

살아서 아무도
안아주지 못한 시가
살아서 아무도
베지 못한 사내가

어쩌면 흙터,
어쩌면 꽃잎,
어쩌면 바람.

무슬포의 유혹

유혹하려면 꼬리쳐야 한다
꼬리 아홉 달린 밤고깃배가 휘황하고 왁자하다
하늘의 축제, 번개에 천둥에
멸치들은 취하기 시작했다
천둥에게로 번개에게로
은빛날개를 퍼덕이며 날아올랐다
심장은 쿵쾅거리고
뒤처질까봐 종종거리다가
정작 나를 놓치고
그물에 끌려올라간 하늘
헛지느러미질만 낭자했다
퍼덕거릴수록 조여 오던
그물이 긴장을 끊어버리자
멸치는 나락 같은 뱃바닥으로 추락했다
멸치의 하늘이 바다였음을 가리키듯
풍향계가 한 바퀴 절망을 돌리더니
태평양 먼 바다를 가리켰다.

무릎을 꿇다

무릎을 꿇어야
만나는 우정이 있다

처음부터 바닥인
풀꽃은

좌절로 무릎 꿇은
내 상처를

가난한 꽃잎으로
감싸주었다

바람이 한숨에게

길을 걷다가 하도나 다리가 팍팍해서
그만 그 자리에 주저앉고 싶을 때
기다리는 아침은 등만 보이고
어둠은 서럽도록 깊어서
어느 꽃에게도 눈 맞추고 싶지 않을 때

거의 다 왔어
조금만 더 가면 정상이야
산에서 내려오는 웃음들이
건네던 하얀 거짓말처럼
무심히 지나던 바람이
민들레 씨앗을 떨어트리고 갔다

그 씨앗이 귓바퀴에 뿌리를 내리고
생의 고막을 흔들어
민들레에게 빙의나 된 것처럼
산이 무너져도 강이 말라붙어도
견디며 견디며 피었던 것인데

폭풍우에 어긋난
보도블록 틈새
노란 웃음을 만난 날
내 벼락 맞은 꽃잎에도
웃음 몇 날이 아침처럼 깨어나고 있었다.

버리다

나주향교에서 흉터로 뒤덮인 은행나무를 만났다
600년의 바람을 견디는 일은
흉터를 식구로 받아들이는 일이다
온몸이 흉터로 덮이면
흉터마다 비늘이 돋아나
용이 되어 승천 한다는 전설을 믿고
흉터의 통증을 견딘 나무는 '승천'을 상으로 받았다
흉터에 깃든 명줄들이
꼼지락꼼지락 나무의 가슴에 파고들었다
귀여운 가려움에 나무는 비늘을 털어버렸다
승천을 버린 나무는
세상에서 가장 따뜻한 흉터가 되었다
궛바퀴는 낮은 데로 쏠리고
달빛의 눈물을 받아먹었다
흉터의 근육이 바위처럼 단단해서
바람의 의자가 되었다.

핥다

바람이 바람을
똥개가 똥개를
길고양이가 길고양이를
박스가 박스를
로드킬이 로드킬을
자갈길이 자갈길을 핥는다
우정의 벽돌을 쌓아간다는 것은
여름의 태풍과 겨울의 폭설
상처와 흉터를 공유하는 일이다
살아간다는 것은
내 상처와 네 흉터를
그렁한 마음으로 핥아주는 일이다.

도둑맞다

키 작은 화살나무 푸른빛사이로
언뜻언뜻 비치는 샛노란 빛
부지런한 벌레가 벌써 다녀갔나보다
구멍 두엇 뚫린 이파리에
단풍이 샛노랗게 물들었다

소년소녀가장의 캄캄한 귀로길이다
고문당하는 투사의 구멍 난 가슴이다
꽃기억들이 뭉텅뭉텅 빠져나간 치매환자의 뇌수다

초록을 끝까지 걸어가면 만날
다홍빛 노을의 여정을 도둑맞은 벌레 먹은 나뭇잎
다홍빛에 도달하지 못하고
구멍 난 꿈과 구멍으로 흘러가버린 푸른 시간이
노랗게 단풍들어 있다

푸른 시간이 절단 난 길에서
단풍은 만장이 되어 펄럭인다

만장을 세차게 흔들어주는 바람군단은
떠나보내는 몸짓이라기보다
타오르는 촛불에 희망을 지피는 촛불집회 같다.

빨래를 널며

양말 한 짝도
하찮다고
아무렇게나 포개 널면
함부로 눈물이 마르지 않는다.

보름달에게

네가 어린 초승달일 때
아마 두 살쯤이었을 거야
죽은 엄마의 콧구멍을 후비며
설움의 구멍을 파던
칠흑의 밤이 네 울음소리에 업혀 지나고

빛을 식별할 상현 무렵
의붓엄마에게 쫓겨난
너는 훌쩍 마을을 떠났지
숨차게 언덕을 뛰어오르다가
헛디디고 굴러 떨어지는
네 상처의 시간들이 간간이 소식을 전했지

보름이라고 하늘이 환한 친구 초상집에서
둥글게 차오른 너를 만난 날
보름달에도 흉터가 있다는 걸 알았지
웃고 있는 너의 눈시울에
아직 훌쩍거리던 시간이 남아있어
달의 뒤편 골짜기처럼 아득하였지

기억에 말라붙어있던
네 유년의 칠흑을 지우며
아직 상처를 꽉 물고 있는 가피를
네 환한 미소에 녹인다

오늘 상처가 아문 보름달을 만났다
달빛의 미소가 환해서
이십년 전 내 안의 칠흑 초승달도 환해졌다.

복조리

붉은빛이 일렁였다
향기의 날개가 파닥였다
향기에 취한 나비들이 싸리꽃에 날아들었다
꽃잎이 뭉개지면 얼마나 서러운 빛이 되는지
꽃물에 물들어 본 가을은 안다

마음껏 자랐어도 아름드리는 되지 못하고
손가락 굵은 매듭의 지능이었던
복순언니
꽃잎이 뭉개지기 전
여름 한철 환하던 싸리나무꽃은
이모에게 등을 떠밀려
풍경소리 구슬픈 암자에서 머리를 깎았다
업보를 씻기 위해
무릎에 피멍이 앉도록 절을 했다는 싸리나무

설날 아침에 마당에 떨어진 복조리와 함께
언니의 부음을 들었다
부엌문 앞에 언니의 팔자처럼 얽힌 두 팔로 내걸린 복조리
액운은 잔돌처럼 흘려보내고
입쌀 같은 순한 복만 가슴에 끌어안는다는 저 복조리처럼
복순언니는 업보를 흘려보내고 극락왕생했을까

아름드리나무가 아니어서 복조리가 된 싸리나무

우리들의 바보
복순언니의 설움은
오는 가을도 서럽게 물들이고
설날아침이면 복을 빌어주러 올 것이다.

봄바람 엄마

꽃잠 든 꽃눈들 깨우느라 봄바람엄마는 이른 봄부터 바쁘다
'오분만 더'를 사정하는 목련에게 소리치고
칭얼대는 개나리를 안아 올리고
진달래 궁둥이를 토닥거리느라
봄바람엄마는 기진맥진이다
이러다가 봄학교에 지각하겠다고
아무리 흔들어도 실눈만 떴다가
홀라당 이불을 뒤집어쓰는 개나리
봄바람엄마는 최후의 방법을 강구한다
찬물 한 바가지 머리에 붓는다
에취, 에취,
꽃샘바람에 정신 번쩍 난 큰딸 목련이 하얗게 피어난다
개나리도 노란 눈망울을 굴리고
진달래도 붉어진 볼따구니 부스스 깨어난다
후유,
엄마는 그제야 한숨 돌리고
아지랑이 아침상을 준비한다

때 되면 봄이 그냥 오는 줄 알았다
아침마다 전쟁을 치루는 우리집처럼
바지런한 봄바람엄마의 노심초사 끝에
게으른 봄이 꽃가방 둘러메고 허둥지둥 달려온다.

천국

샴쌍동이,
모두들 지옥이라고
눈도 못 맞추는 저 이심동체에서
천국을 본다
몸은 하나인데 마음은 둘
저만 귀한
마음을 헐어서
같이 아프고
같이 즐거운,
화장실에서도 악취를 참아주고
옷을 같이 내리고 올리는
한 손이 지우개로 지우면 한 손이 공책을 잡아주고
하나가 머리를 올리면 하나가 머리를 낮추어준다
천국은 나를 헐어서
너에게로 길을 내는 일이다.

시누대

그 여자는 고아였단다
부모에게 사기당한 거지
드잡이남편에게는 폭력에 시달렸단다
또 남편에게 사기당한 그 여자
딸에게 기대보았단다
사춘기 때 가출한 딸은 십년 째 소식이 없고
자식에게도 사기당한 그 여자

모퉁이마다 태풍이 아가리를 벌리고 그녀를 기다렸지. 태풍에 휩쓸릴 때마다 대못이 가슴에 박혔단다. 통증은 생의 마디에 거친 옹이를 만들었지. 그녀에게 기대오는 그녀보다 더 안쓰러운 생들이 옹이에 걸려 생살이 찢겨나갔지. 여자는 못을 빼기로 작정했지. 깊이 박힌 못을 빼낼 때마다 여자의 하늘에서 번개가 쳤지. 옹이는 어느새 시누대처럼 순해졌단다. 그 여자의 몸을 더듬을 때마다 옹이진 거친 세월이 보이지 않아 모두들 그 여자가 걸어온 길이 아스콘으로 잘 포장된 길인 줄만 알았지. 그 여자의 못자국을 아는 것은 그녀를 휩쓸고 간 바람뿐이었지.

모두들 매듭이 순한 그 여자에 기대어 희망을 기원했지
오늘도 수복(壽福)의 꼬리를 흔들며 날아오르는 저 가오리연처럼 말이야.

대륙을 꿈꾸는

씨앗의 시간

–김종의 그림 '씨앗 하나의 시간'에게

씨앗의 시간을 생각한다
뿌리를 뻗고 꽃대를 올리고
열매를 맺기까지
씨앗이 걸었을 자갈밭과
씨앗이 만났을 친구를 생각한다
씨앗이 되려고 작정한 순간
씨앗은 전쟁터의 장수처럼 비장했으리라
벼랑에 홀로 서서 오금이 저렸으리라
디딜 곳도 없는 허방에 뿌리를 뻗고
잡을 것도 없는 허공에 잎을 올리며
청사초롱이 되어 길을 안내하는 지렁이와
밥을 떠먹여주는 햇살을 만났으리라
달빛과 별빛이 있어
캄캄한 세상만은 아니라는 걸
나비와 벌들이 넌지시 일러주었으리라
씨앗은 용기를 내어
헬렌 켈러처럼 한 발 한 발
캄캄한 세상으로 발을 내딛었으리라.

2012
씨앗 하나의 시간
G.Bell

세모시꽃

베틀이 덜커덩덜커덩 울 때마다
오일장에 한 필씩 모시꽃이 피었습니다
모시꽃 팔러 간 서방님은 기생방에 주저앉았습니다
해는 지고,
봉숭아꽃처럼 귓불은 달아오르고
보름달은 왜 떠서 베틀은 또 이리 잘 보이는지
시어머니는 툇마루에서 닦달하고,
모시올은 끊겨서 버럭질이고
가시울타리 같은 태모시를 명주실처럼 달래느라
이빨에는 길이 뚫려 이골이 났습니다
움푹 파인 달의 허벅지
모시올 비비꼴 때마다 허벅지에는 피눈물이 고여서
한밤 지나면 봉숭아꽃물처럼 발갛게 번졌습니다
손톱에 물들면 새댁처럼 고운 꽃물이
허벅지에 물들어 세모시처럼 서럽습니다
달은 멀어 그리운데
밤바람은 홑창을 흔들어 꾸벅잠마저 깨웁니다
오늘밤도 덜커덩덜커덩 모시는 피어나고
서방님은 기생방에서 모시꽃을 잊었습니다.

햇밤을 삶다

햇밤을 삶는다
푹 잠기도록 물을 부어 날것의 시간을 익힌다
냄비 뚜껑을 여니
밤의 일생이 색인표처럼 빛깔로 정돈되었다
선명한 밤색, 검은색, 누르스름한 색,
검다가 희다가 밤색이다가 한 밤
제 타고난 빛깔을 잃은 것은
벌레에게 점령당했거나 병든 밤이다
이토록 선명한 자술서가 또 있을까 싶다
인증을 받듯 온몸으로 증명하는 밤의 한 생
눈을 감으니 신의 마음이 읽힌다
별 다섯 개가 빛나는 오성호텔 같은 생
반짝반짝 윤기가 흐르는 토실한 알밤을 건너
병들고 벌레 먹어 검게 내려앉은
썩은 밤을 불러올리는 신
검은빛이 밤의 흉터라는 사실을 각성한 순간
나는 무릎을 꿇고
눈을 뚝 뜨고 죽은 소년병사의 눈을 감기듯이
썩은 밤의 쓰디쓴 눈물을 마셨다.

월출산

바위가 되어보지 않은 눈물 있으랴
표정을 지우고 단단해질수록
실금처럼 그어져 내리는 생의 어깃장들
휘청거릴 때마다 삼십과부의
졸라맨 허리띠를 빨아대는 어린것들이
논두렁밭두렁을 밀고 가는 길이 되었다
노을에 발을 담근
논물을 바라보노라면
월출댁도 벌겋게 물들고 싶었다
탁주 한 사발에 기대어
두 다리를 뻗고 목청껏 울어본 날
다리 한 짝씩 붙들고 잠든 새끼들을 어르며
월출댁은 눈물을 가둔 바위가 될 수밖에 없었다
실금 사이로 삐어져 나온 눈물들이
뿌리내리고 잎을 내어서
월출댁의 흉터를 덮어주었다.

촛불

광장에 촛불이 켜졌다
세 살 아이 볼우물에도
여든 살 주름살에도 촛불이 켜졌다
세상에서 가장 뜨거운 물인 눈물이 어둠을 밝혔다
5.18의 주먹밥,
효순이와 미순이의 촛불을 지피다가
의문사한 제종철열사
세월호의 촛불을 켠 노란 리본들
민주, 노동현장에서 산화한 촛불들
정의의 고속도로를 물려주려고 아기를 목마 태운 촛불
휠체어를 굴리며 무릎 아래 풀꽃을 비추는 촛불
단발머리와 허리구부정한 촛불들
밭두렁 트렉터에서도 촛불이 타오른다
가슴에 든 불이 얼마나 뜨거운지
이름 석 자 네온사인처럼 빛나지 않아도
영하의 추위를 견디고
소주 한 잔의 휴식도 반납하고
피를 토하는 행성의 별이 되었다.

탑*의 전설

세상에서 가장 아름다운 탑을 세우려고
석공은 떠났습니다
남편이 보고 싶은 아내는
남편 몰래 남편을 찾았습니다
차꽃이 단풍보다 서럽게 피어나고 있었습니다
향기도 감추고
먼발치에서
바라만 보다가
바라만 보다가
차마 눈으로 다가가지 못하고
발끝을 내려다보며
"여보"
속소리로 남편을 불렀습니다
탑을 세우던 남편은
아내의 목소리에 꿈결인 듯 돌아보았습니다
아내는 돌로 변하고
글썽해진 단풍잎이 방울방울 떨어져 돌을 덮었습니다
석공은 돌이 된 아내를 안아다가
탑을 깎았습니다
아내의 몸에 정을 꽂고 망치로 내리칠 때마다
석공의 가슴에도 천길 폭포가 내리꽂혔습니다
석공의 심장이 울음을 멈추던 날,
탑이 완성되었습니다
석공이 탑 아래 묻혔는지는 모르겠습니다

전설은 여기에서 끝나니까요
월남사지,
천 년이 먼지처럼 스러진 그곳에 가면
단풍보다 서러운 차꽃이 이운 그 자리
차꽃보다 어여쁜 탑이 흉터처럼 피어있습니다.

*강진군 월남사지 3층 석탑

흙터가 길이 된다

포장길을 걷는다
요철 하나 없이 반질반질한 발바닥이 즐겁다
쭉 떨어진 아스콘 틈새로 바랭이 내다본다
나의 반질거림이 누구에겐 재앙일 수 있구나
내 발바닥 편하자고 사라져버린 길 때문에
감옥에 갇힌 명줄들이 나를 내다본다
손발이 상처투성이다
그 상처를 딛고 감아 오르는 또 다른 길을 본다
맨발로 자갈길을 걷는다
내 발에도 생채기난다
누군가의 디딤돌이 될 내 흙터를 만져본다
거친 피딱지에 요철이 돋아난다
흙터가 길이 된다.

당기다

근무력증에 걸린 화심이가 걸어간다
한 걸음 뗄 때마다
우주가 젖혀진다
바람은 받침대가 된다
무릎을 잡아주고 허리를 지탱하고
어깨를 안아준다
한 걸음을 위해
온 우주를 뒤틀어야 겨우 채송화의 키를 넘는다

불은 국수가닥처럼 흐물거리는 근육들이
수십 미터 크레인에 매달려있다
일자리 근육이 풀리고 집 근육이 풀리고
가족 근육까지 풀린 해고노동자들
한 걸음 나아가기 위해
과녁에 꽂히기 위해 생의 화살을 당기고 있다
우주가 활시위처럼 젖혀진다
꽃잎 한 장 한 장 별이 되어
꽃잎 한 장 한 장 빛날 때
저 조준, 끝날 것이다.

풀뿌리 경전

유리창이 박살나고 가로등이 부러지고
수백 년을 버틴 나무가 뿌리째 뽑히는 태풍에도
머리카락 한 올 흐트러짐 없이 가부좌를 틀고 있다

야차 같은 억센 바람에도
선승처럼 흔들리지 않는 저 풀
뿌리가 경전이다
풀의 뿌리는 중심이 없다
어느 한 줄기 우뚝한 놈 없이
뿌리들은 사이좋게 뻗어있다
저마다 제 힘껏 뻗어나가도 왕따시키지 않는다

밟히고 뽑히고 내동댕이쳐지는 동안
저를 버리고
연약한 눈물끼리 등을 어르고
손을 맞잡고 발을 엮고 가슴을 뭉쳐
어떤 매서운 바람도 어떤 어둠도
다만 눈물로 버텼다

폭풍 불던 밤 나누던
주먹밥처럼…

꽃잎석장

눈금

눈물의 뒤끝

눈물은 뒤끝이 너무 길다
가슴언저리에서 한으로 뭉친다
다큐멘터리가 되어
꺼내어 읽을 때마다 한 구절씩 변형을 일으킨다
시간차로 내 입장에서 다시 쓰인다

한을 녹일 수 있는 것은
나를 위해 흘리는 눈물이 아니라
상대를 위해 흘리는 눈물이다.

눈금

면역력이 떨어지니 대상포진을 조심해야해
예방접종까지 했어도
대상포진이 잠복하고 있는 눈금에 정차하고 말았다
눈금마다 바람의 맛이 다르다
어떤 맛을 만날지 시간의 메뉴판을 들여다본다
시간은 단맛과 서러운 맛만 기억한다
아직 혀끝에 감도는 솜사탕
다음 눈금을 재촉한다
노을은 직진을 벗어나 그믐처럼 휘어진다
나뭇잎은 초록을 지우고 있다
언제까지 푸른 척 포장할 순 없다
주름들이 지문 같은 상흔을 드러낸다
보톡스에라도 기대어 에돌고 싶은데
구경하고 싶은 게 아직 많은데
네비는 가장 빠른 길을 안내하고 돌아가는 길은 차단되었다
눈금에서 맛봐야 하는 것들
복숭아나무회초리처럼 버티고 있는 것들
회초리를 피해 건너뛰려고 몸부림쳤지만
눈금은 요지부동이다
생의 궤적에 따라 눈금의 맛이 달라지지 않는다
홈인까지 모든 주자는 일루이루삼루를 정확히 밟아야한다
꽃과 열매와 씨앗의 눈금을 밟고 노을은
바작바작 타고 있다
자작자작 스며들고 있다.

고향

고향이라는 말에서는 황토먼지가 인다
완행버스가 낙엽 한 장 떨구고 간다
가는귀먹은 고향은 볼륨을 키운다

고향은 가물가물 멀어지고
수형으로 받은 방랑벽
사라진 초원
뜯어먹을 풀도 밥 먹일 식구도 사라져
가슴에는 모래바람만 일고
발이 바닥에 닿지 않는다
뿌리 내리지 못하는
태양처럼 허공을
떠돌다가 생이 어두워진 뒤에야
고향의 불빛이 보인다
정한수가 에너지인 고향의 불빛은 꺼지지 않는다
아무리 멀리 달아나도
저물녘이면 뒷걸음질로 잡아당긴다

고향은 무너지지 않는 성전이다
남루한 성전일수록 블랙홀 같은 흡인력이 있다.

고향은 달밤이다
G.Bell

내 상처를 핥다

네 상처를 사랑하겠다고
무릎 꿇고 고백하면서도
내 상처를 핥는다
나보다 너를 앞에 놓은 적 없다
자리를 바꿔도 나는 또
내 상처의 울음으로
너를 안을 것이다.

신에게 읽히다

삼일절에, 그날을 기억하는 사진을 보다가
단두대도 아닌 여물 써는 작두에
목이 잘리고 있는 만세열사를 보았다
허리에 칼을 찬 일본순사는
잘려나가는 여물을 보듯 뒷짐 지고 태평하다
순간 가슴에 쓰나미가 일었다
분노의 파도는 원수의 집을 삼키고
원수를 내동댕이치고 기어이 원수의 명줄을 끊어놓았다
한 번도 두 번도 아니었다
그 작두가 떠오를 때마다
내 눈은 원수의 눈을 파먹었다
그리고 열흘 남짓 복수의 칼날이 무뎌질 쯤에
원수의 나라에 쓰나미가 왔다
내 상상의 몇 억 배의 폭력이 원수를 응징했다

광장에서 회심의 만세를 불러야 하는데
가슴이 젖고 목울대가 뜨거웠다
눈에는 눈이 아니었다
신을 잘못 읽었다
아니, 신이 나를 잘못 읽으셨다.

다시 대물림

다리 부러진 오동나무 장롱을 물려받았다
대물림은 거기서 끝난 줄 알았다
어머니에게서 팔자처럼 흘러온
강물이 시퍼렇다
추울렁 추울렁
가슴에 흐르는 강물에
어머니는 몇 번이나 몸을 던졌을까
나는 어머니의 등에 업혀서
그 서러운 강물에 몇 번이나 빠졌던 것일까
아버지와 남편이 오버랩 되어
어머니와 나를 강물에 던진다
허우적거리는 팔자도 대물림되나
길에는 낙엽이 쓸리고
나무는 다시 잎을 내고
머리 검은 여자는 강물에 몸을 던지고
머리 흰 여자는 아기를 안고
강물에서 빠져나온다.

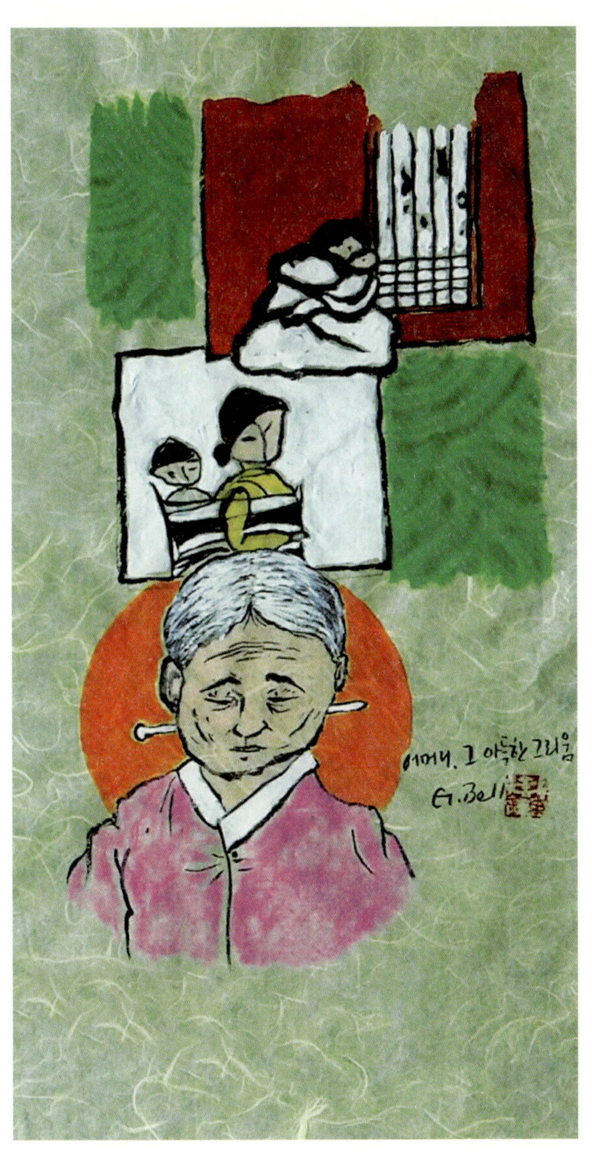
어머니. 그 아득한 그리움
G.Bell

땅하늘

하늘 높은 줄만 알고
하늘만 바라보다가 넘어졌다
땅바닥에 하늘이 있었다
하늘은 납작 엎드려
제 가슴의 별을 뜯어내어
풀꽃의 얼굴에 달아주고 있었다.

비빔밥

아들이 아들을 낳았다
아들 보다 사랑스런 손자 보러 갔다
손자가 밤과 낮이 바뀌어서 며늘님은 정신이 없고
아들님은 생활리듬이 깨졌다고 투덜거려서

친구 만난다고 핑계대고 식당에서 비빔밥 시켜놓고 밥을 비비는데 비빔밥 재료들이 따로 논다. 싹튼 시간도 다르고 철든 시간도 다르다고 섞이지 않는다. 참기름으로 두루뭉술 개성을 죽여 본다. 반질반질 미끄러져 갈라선다. 어르듯 사랑으로 싸목싸목 비빈다. 고루 섞인 재료들을 자근자근 씹는다. 시금치 콩나물 고추장이 어우러져 누구의 맛인지 구분 되지 않는다. 바로, 이 맛이야. 혀가 환호한다. 맛있게 어우러지는데 시간과 사랑이 조금 필요했다.

밍크코트

좋은 털을 얻겠다고
살아있는 채로 어린 밍크 껍질을 벗긴다

옷장을 열어 밍크코트를 들여다본다
36개월 할부로 장만한 밍크코트
어린 밍크의 지옥을 입고도
밍크코트의 천국에 몸을 떨었다
누군가의 지옥이
누군가의 천국이 되는 세상에서

울음소리 들린다
내 울음인지
밍크의 울음인지

산.채.로.
껍.질.이.
벗.겨.진.다.

존귀하신 그분은
누구를 위하여 십자가의 고통을 견디신 것인가.

병(病) 친구

나이 들어
할 일도 줄고 친구도 주니
옹이 같은 잔병이 친구가 되어준다
아침에는 무릎이 칭얼거리고
낮에는 허리가 울어대더니
저녁에는 속이 쓰리다
무릎을 달래다가
허리를 어르다가
미온수로 내장을 데워준다

병의 어리광 받아주느라 하루가 바빴다
고목이 옹이를 품듯
병을 품고 잠을 청한다

덕분에 오늘도 따뜻했다

고맙다, 친구야!
수고했다, 친구야!

비 오는 날

서울 사는 딸네 갔더니
잘난 우리 사위가 속곳 바람으로
안방 건넌방 거실을 하 싸돌아다니기에
보는 장모 눈이 남세스러워서 슬그머니 빠져 나왔제
밤늦은 시각에 만리타향에서 갈 데가 있남
아파트놀이터 서성거리다가 아들네로 길을 잡았어
택시에서 내렸더니 저녁을 놓친 뱃구레가 울기 시작하데
며늘애 귀찮게 않으려고
편의점에서 햇반 한 개 사들고 아들네로 갔어
화들짝한 며늘애에게 어여 자라고 손짓하고
렌지에 햇반을 돌려
한 숟가락 목구멍으로 퍼 넣는디
느닷없는 비가 오데
웬 굵은 장대비가 어찌나 펑펑 쏟아지는지
가슴이 햇반 속에 퐁당 빠져버렸당께
네 발로 허우적거리는디
암만 혀도 건져낼 수가 있어야제
잡아채고 잡아채도
미꾸라지맹키로 미끄러지고 또 미끄러지고…
사는 일이 꼭
고향 개울에 이끼 낀 몽돌 위를 걷는 것 같더랑께.

뼈대

뼈대 있게 살라는 말
못이 되어
귓구멍이 못구멍이 되었다
그 말씀 경전처럼 지키느라
골다공증으로 흐물거리는 뼈
철사로 심을 박고
턱을 하늘로 곧추 세우고
팔자걸음으로 걸었다
뼈에 좋다는 브로컬리 한 접시를 비우고
밤새 치통으로 고생했다
살보다 강한 것은 모두 뼈구나
섬유질도 못 이기는
나이든 잇몸의 통증을 전해 듣고서야
뼈대 있게 살라는 말
양반이 상놈 밟듯이
누군가에게 아픔이 되라는 말
여린 영혼을 아예 뭉그러뜨리라는 말
뼈가 살을 밟아버린 날
아침을 굶었다
귀를 씻었다
못을 빼내었다.

택배로 배달되지 않는 것

남편이 사랑90kg에 단감10kg 얹어서
아들에게 택배보냈다
박스가 터졌다고
일만 생겼다고
고맙다는 말도 없이
다시는 보내지 말라 한다
사랑은 분실되고 으깨진 단감만 배달된 것이다
남편한테 이를 수도 없고
어릴 때처럼 종아리 때릴 수도 없고…
무겁다고 사랑을 분실한 택배기사를 호출할 수도 없고…
다시는 안 보낸다
다짐을 하면서
내일 모레쯤 또 속창아리 없이 택배 부를…

어미가 되다

새끼고양이에게 젖을 물린 어미개를 본 적이 있다
나도 앙숙의 어미가 되는 꿈을 꾼다

어미가 되면
편협한 이성은 슬며시 꼬리를 감추고
적에게도 돌연 그의 편이 된다
미워죽겠는 가시나무도
혹여나
용서할 가시랭이가 있는지
그의 시간을 뒤적이게 된다

어미가 되면
편 가를 수도
경계 지을 수도 없다
어미는 모두의 편이다

어미가 되면
아침햇살처럼 눈이 밝아지고
호양나무처럼 겁도 없이
만년사막에도 눈물의 뿌리를 내리고
울울창창 사랑을 키운다.

틈새를 막다

유달산노적봉은 틈이 많은 바위다
틈새마다 이름 모를 풀들이 뿌리 내리고 있다
풀씨 찾아 온 방울새
만복으로 방울방울 노래한다
식구 많아 노래 그칠 날 없는 다복한 집 같다

내 몸에도 일찍이 틈이 많았다
틈새를 찾아든 벌레나 풀들이 귀찮았다
고요를 위하여 틈마다 틀어막았다
풀씨 한 톨 달빛 한 자락 허락하지 않았다
나는 어느새 석녀가 되어있었다.

질주

로마에서는
꼬리에 불을 붙여 말을 경주시켰다고 한다
불을 피하려고 죽기 살기로 달려가는 두 마리의 말
악마처럼 꼬리를 붙잡고 따라오다
날렵하게 등에 올라타고
기어이 말을 통째로 삼켰을 불길

그 악행은
불만이 가득한 시민들을 회유하기 위해서였다는데

나는 누구의 희생양이 되어
꼬리에 불붙은 말인 양
전력으로 달음질 중인가

누가 내 꼬리에 불을 붙였나
꿈마다 소스라치는 꼬리
신음하는 엉덩이를 두드리며
나는 또 성냥을 긋는다

이번에는 꼬리로 끝나지 않으리라
등에 올라타고
심장을 태워서
기어이 한줌 재로 돌아갈 때까지
멈출 수 없는
내 욕망의 질주.

투사 코스프레를 하다

치과 의자가 젖혀진다
엄습하는 공포
투사처럼 비장해진다
지옥 같은 고문을 견뎠을 투사들,
못난 주제에
또 값없는 고통은 억울해서 투사흉내를 내본다

배경을 대라
누가 사주했나
솔직히 말하면 너는 용서해줄게
감언이설에 솔깃해진 겁쟁이는
버선목까지 뒤집어 털어놓는다
술 먹고 양치질 안하고 잤어요
콜라사이다사탕의 유혹을 뿌리치지 못했답니다
솔직히 치아건강을 위해 의무를 다하지 못했지요

투사는 사라지고 나는 세금 포탈한
파렴치범처럼 취조실의자에 앉아 이실직고한다
약간 따금할 거에요 친절한 설명이
지금부터 관절돌리기를 하겠다로 들리는 이유는 또 뭘까
심장을 태우던 불꽃이 아직 소진하지 않았다는 것인가.

프리사이즈

내 껍데기의 치수는 얼마일까
껍데기를 벗고
훌쩍 여행을 떠나면
아무라도 내 껍데기를 뒤집어썼을 때
남의 것이라고 표 나지 않으면 좋겠다
그의 심장에도 그의 간에도
그의 각막에도 그의 피부에도
거부반응 때문에 고통 겪지 않도록
고무줄바지처럼 대충 들어맞으면 좋겠다

나는 그 날을 위해
둥글넓적벙벙한 프리사이즈가 되리라
누구나 한 번쯤 맛보았을
쓴 약 같은 그믐달의 어둠을 견디리라
무등산의 외로움과 영산강의 눈물과
브레이크가 고장 난 내리막의 공포를
뱃살 속에 얼추 챙겨넣으리라
그리고 저 폭염의 불삽질에도 두어 달 헐떡거려보리라

생의 시접에 눈물을 접어두면
껍데기의 형질도
잣대처럼 날 세우지 않고
어리벙벙한 사이즈로
누구에게도 대충 맞으리라…

풍상

사춘기시절 좋아하는 배우가 있었다
그 이름 듣기만 해도
천둥처럼 쿵쾅거리던 한때 있었다
우연히 리모컨을 돌리다가
설특집으로 방영되는
그 배우의 최근 영화를 보게 되었다
거기, 내 나이든 시간이 있었다
배우는 순하게 삭아있었다
세월을 속이려는 어떤 시술의 흔적도 없었다
바위처럼 고목처럼
바람서리를 온몸으로 받아들인
그녀는 세월과 중력에 기꺼이 순응한
나와 똑 닮아있었다
풍상을 견딘 바위끼리의 유대감으로
나는 나에게 손을 내밀었다.

활엽수

독한 시어머니에 대한 저항으로
정릉댁이 선택한 것은 무모증이었다
한 톨의 먼지도 허락하지 않는
시어머니의 청결벽에
그녀는 마지막 낙엽처럼 솜털까지 떨어뜨렸다
저항의 깃발이 바닥에 수북이 쌓였다
악랄한 너에게 무릎 꿇느니
스스로 치욕을 택하리라
아무 짓도 못하게 달처럼 하얗게 비우리라
하늘처럼 맑아지리라
먹구름처럼 다 쏟아 버리리라…

마침표에게

나이를 먹으면
아무것도 내 의지대로 마칠 수가 없다
찬찬치 못하게 새지 말라고
조물주께서 구멍마다 괄약근을 만들어 주었다는데
조물주께서 맞춰놓은 타이머를 넘어서
잉여의 타임을 사는
나는 괄약근의 애프터서비스 기간이 지나버렸다
눈물, 콧물, 위산, 오줌이 줄줄 샌다
세반고리관, 그 작은 쪽방에서 잘도 참고 견디던
조약돌까지 기어 나와 죄 없는 하늘을 빙빙 잡아 돌린다
마음도 밤새 뒤척이다가 질금질금 아득해진다
말까지 이 말 저 말 두레박질이니 두서가 없다
문장도 다중인격처럼 아무 문장이나 튀어나온다
마침표를 찍지 못하고
말줄임표로 엉성하게 추락하는 시간들
정작 큰 마침표를 찍어야 할 타임에도
인공호흡기에 의지해
압력솥의 밸브처럼 수명이 푹푹 샐 것이다
서리 맞은 고춧대에 말라붙은 희나리처럼.

금성산가는

힘줄

"참외 한 봉지에 삼천 원"
스피커는 한 옥타브씩 볼륨을 높이다가
목울대에 피가 맺히는지 목쉰 잡소리를 내더니
기어이 "두 봉지에 오천 원"으로 가격 조정을 한다
횡재한 기분으로 봉지를 연다
참외들은 뇌성마비에 걸린 것처럼
손 따로 발 따로 제대로 서 있는 게 하나 없다
이리저리 튕기는 막무가내를
세 살짜리 손자 달래듯
엉덩이 두들겨가며 깎는다
겨우 껍질을 다 벗기니
시퍼런 힘줄이 툭툭 불거졌다
한입 베어 무는데 맹탕이다가 쓴맛이 울컥거린다
뱉으려다가 '아차'한다
장애인올림픽에 출전한
하반신마비선수들의 굵은 팔뚝이
장애참외의 불거진 힘줄에서
할 말을 다하지 못한 별처럼 아물거렸다.

꽃잎넉장

나누다

나누다

아무 것도 나눌 것 없는 소천엄마
어제 얻어먹은 요구르트 빚 갚아야하는데…
밤새 궁리하다가
재생산한 재료인 똥을 반죽한다
쳐대고 주물러서 동글동글 사탕을 만든다
정성 한 사발을 부으니 반질반질 윤이 난다
달빛에 구워낸 똥사탕
양쪽주머니에 가득 담고
요양원 한 바퀴 돌아
골고루 한줌씩 나눠준다
사탕 먹어요
고마워요
주는 손도 받는 손도
다디달고 맛있는 사랑이다
스무 살적 달빛은 스물스물 스러지고
치매동산은 국화향기 자욱하다.

꽃잎 흩날리고 …

치매병동에 달이 뜨면
매화 한 송이 세월의 향기를 입으로 풀어낸다
내 이름은 월춘매요, 우리 아덜 이름은 양운기여라
우리 아덜한테 전화해서 나 좀
집으로 데려가라고 말해주시씨요
태양을 찾아 떠난 우리의 구름은
청상과부 모친을 진즉에 잊었는데
엄마는 옛날 옛적 아들의 전화번호를 달빛처럼 잊지 않고
011-000-0000이라고 외워준다
어르신 오늘은 달이 떴으니 늦었네요
내일 아침에 해가 뜨면 전화해드릴게요
달이 있는 동안은 푹 주무세요
아침에도 지지 않는 낮달이 되어
매화꽃은 여전히 구름을 찾는다
어르신 지금은 해가 떴어요
아들이 해와 일할 시간이니 달이 뜨면 전화해드릴게요
해와 달이 바뀌고
꽃이 피었다가 지고
다시 꽃잎 흩날리고…

똥엄마

햇볕에 똥들이 앉아있다
진국은 다 내어주고
푸석푸석한 찌꺼기들
모든 시간의 종점은 똥이다
간이역마다 알뜰하게 퍼주고
종점에 서면
한 점 발라낼 것 없는 찌꺼기만 내린다
한 모금이라도 더 먹이고 싶어
꼬불꼬불 논밭을 넓힌 주름들
향기는 다 내어주고
구린내로 앉아
합죽한 똥끼리 옹기종기
말라가고 있다.

말(言)

요양원에 출근하니 애운엄마가 토사곽란이 났단다
여전히 토하고 설사를 한다
역류되어 흘러내리는 어제의 흔적들
오리탕이 맛있다고 두 사발을 먹었다는데
중풍으로 사지가 마비된 애운엄마
언어중추까지 마비 된 엄마는
눈으로 말하고
나는 숨은 말을 찾는다
얼굴은 창백하고 식은땀이 비 오듯 한다
응급조치를 하고 기저귀를 갈고 침상을 지킨다
또 한 회오리를 이겨낸 애운엄마는
이제 괜찮다는 듯 눈빛을 끄덕이고
나는 짐짓 못 알아듣는 척
"엄마 배 아파요?"
고개를 젓는 엄마의 손을 잡는다
뼈가 사라진 말들이 연체류처럼 부드러워져
혈관을 타고 흘러간다

창밖의 벚나무 잔소리하듯 꽃잎을 쏟는데
애운 엄마는 노을노을 자울고
쫑알거리던 하루도 메마른 입을 다물고
노을 이불을 끌어 덮는다.

말(言) 그늘

팔월의 노간주나무는 배부르다
날아올라 바늘잎이 우거진다
바늘도 힘을 합치면 그늘이 만들어진다
따갑다고 핀잔주던 다람쥐도 그늘에 든다

87세 한겨울 노간주나무는 사지마비환자다
바늘잎은 우수수 떨어져 구멍마다 바람차지다
새들이 앉으려다가 여윈 가지만 흔들고 사라진다
뿌리째 뽑힌 채 침상에 누워
두 손 가지런히 모으고 식사 기도하신다

"내일은 저를 강건하게 만드셔서
팔월처럼 큰 그늘 짓게 하소서, 아멘."

식사를 돕던 나도
두 손 모으고 "아멘" 한다

"간호사양반, 참 자상하네,
손댈 때마다 편안해지네."
바늘잎 같은 말씀을 풀어 큰 그늘 지으신다

팔월보다 더 뜨겁던
피로가 사르르 풀린다.

방화

참기름이 야금야금 없어지자
며느리는 참기름 병에 휘발유를 담아두었다
이번만은 생쥐 같은 도둑을 꼭 잡겠다고
잔뜩 벼르고 있는데
한밤중에 안방에서 비명이 들렸다

따끔거린다는 마님 말씀에
꽃길을 들여다보려고
영감님이 라이타불을 켰던 것인데

저런…

꽃이 타네…

뿌리

연리지나 연리목처럼 곁에 있다는 이유만으로
마음을 열고 살을 열어
기어이 펄떡거리는 혈관을 잇더니
급기야 네 것 내 것 구분 없이 닮아가는 것들이
어디 한두 인연이겠습니까만

우리 마을 노안아짐도
아짐처럼 바지런한 햇살이
엉성한 문틈을 비집고
한숨회초리에 멍든 가슴팍으로
살금살금 기어들면
누룽지처럼 눌어붙는 눈꺼풀을 일으켜
들판으로 산자락으로 득달같이 내달아
풀뿌리든 더덕이든 고구마든
온갖 뿌리와 그리도 쌈박질을 하더니
언제 그리 수상한 수작을 하였을까요

하늘로 머리 둘렀던 뿌리가
시름시름 땅으로 쏠리더니
오메, 앞세운 서방이 다 뽑아간 민둥머리서
몽싱몽실 실뿌리가 돋아나더이다
갈 때까지 가보자고 온몸이 뿌리가 된 아짐이
뿌리 따라 땅속으로 살러간 지도 벌써 석삼년이요

친구 따라 강남 간 아짐이 잘사는지
궁금해서, 가끔
땅을 파보면 아짐은 간 데 없고
웬 잔뿌리만 사무치게 얽혀있더이다.

몸값음은 반려에게

반려라고
똥 싸면 화장지 들고 쫓아가서 물티슈로 마감하고
"쉬~"하라고 양탄자 깔아주고
푹신히 주무시라고 양모방석 대령이다

밤잠 설어가며 기저귀 갈아주고
새벽출근 야근해가며
도시락 서너 개씩 싸서 학교 보내고
마이너스통장 바닥 치며 결혼시키니

부모는 요양병원에 보내고
반려 수발드느라 부모 찾을 시간 없다
몸값음은 반려에게…
목욕시키고 드라이기로 털 말리고
인간냄새 맡겠다고 향수뿌리고
시간 맞춰 육포간식 먹이고
예방접종시킨다며 동물병원 들락거린다
죽은 뒤엔 갖은 정성으로 천국 보내고도
눈물난다며 반려의 사진도 못 본다.

혼자노는 강아지
G. Bell

봄이 겨울에게

울음뿐이었던 너의 눈물을 벗고
꽃길을 거닐며
아지랑이 같은 기쁨에 술렁인다
어디에 숨어있었을까
이 왁자한 수런거림들
이 가벼운 옹알이들
세상의 부모들이 그랬듯이
꽃을 피우려고
겨울아, 네가 울음으로 견뎌준 암흑을 기억할게
아니, 잊을게
암흑이 날개의 번데기시절이었다는 것을
모든 나비들이 잊듯이
날개를 퍼덕이며 잊을게
눈물로 기억되길 바라지 않는 부모처럼
마음껏 피어나길,
세상에서 가장 천진한 향기가 되길
기도했으리라
운동장에서 공을 차는
저 꽃잎 같은 웃음처럼.

그믐달

다만 출렁임으로, 풍경은 시가 된다
요양병원 입원실
아흔살 신랑이 아흔살 각시의 콧물을 닦아준다
맞절하고 합환주 나누며
백 년 동안 같이 늙어가자는 약속
가뭄과 태풍을 같이 건넌 푸른 관절엔
환지통 같은 옹이만 울어대고
비단 같던 꽃잎은 주름 주름 사금 들었다
맵게 타던 장작불이 한줌 재로 내려앉아도
붉은 맹세는 심장에 뛰고
눈물콧물 덕지덕지 말라붙어도
연지곤지 곱던 각시
노을처럼 다사로운 눈빛에 살아있다
눈 질끈 감았다 뜨면 꽃시절 돌아올까
반질반질 손때 묻은 그믐달의 등 굽은 시간
서녘하늘에 아스라이 걸렸다

어쩌면 사막의 모래폭풍
어쩌면 지워지지 않는 향기
어쩌면 아파도 아프지 않은 눈물 .

설날에는

무장 무장 뜨거워지는 것이다
양팔에 추울렁 그리움을 안고
오매불망 당신 품으로 돌아가고 싶은 것이다
곰팡이 하얗게 핀 메주냄새,
골방에 엎어져 후욱 들이키고
정자나무 헐벗은 등짝도 투욱 건드려보고
굴뚝에서 퐁퐁거리는 매콤한 연기와
샅바매고 엎어져 질금거리는 눈물자국
손등으로 쓰윽 닦고 싶은 것이다
소꿉동무 얼싸안고
'이놈아 잘 살았더냐' 욕깨나 퍼주고 싶은 것이다
빙글빙글 휘어 도는
고샅 막바지의 당숙 댁에도 덕담 올리고
선산에서 기도 중인
봉분들께도 무릎 꿇고 사죄하고 싶은 것이다

때때옷 지어 입혀주던
여윈 그 몸에 때때옷 입혀드리고
맛난 음식 해주던
합죽한 그 입에 맛난 음식 올리고 싶은 것이다

마이너스통장도, 대출이자도 깨진 장독에 숨겨두고
'으앙'하고 첫울음 울 때처럼
천둥벌거숭이로 달려오는 햇덩이를

빈 가슴에 꼬옥 껴안으면
발가락마다 얼음 든 바람찬 유목도
구들장 눌어붙은 아랫목처럼 뜨거워지리라
그리 믿고 싶은 것이다

설날에는.

식구

식구란 무엇일까?
한솥밥을 같이 먹는
사람들이 식구라면 요양원에
사는 사람들 모두 식구다 식구는
울일, 웃을 일 맛있는 반찬처럼 나누고
뜨거운 국그릇 엎듯이 한바탕 툭탁거리다가도
시디신 김치국물 떠먹듯 눈 딱 감고 화를 삼킨다
넘어진 궁시렁댁을 제 몸도 못 가누는 편마비꽃술댁과
제 이름도 잊은 치매하늘댁이 끙끙거리며 식구를 부축한다
할미꽃 세 송이 한데 엉클어지며 수수다발처럼 넘어진다
괜찮냐며 쓸어주고 다독여주고 벗어진 신발까지 챙긴다
설움을 가득 머금은 칠월의 더운 바람이 뭉클해진다
한바탕 울어주고 가겠다고 바쁜 걸음을 멈춘다
빗방울 후드득 후드득 식구들 가슴에 든는다
한솥밥에 뜨거운 밥물이 주르륵 끓어넘친다
흘린 밥풀 주워 먹으며 허기진 강물이
쿨럭쿨럭 마른 기침소리로 흘러간다.

처마 아래 사람들
G. Bell

저물녘

백년해로하겠다는 언약
요양병원까지 현재진행형이다
한발 더 긴 햇발이 생의 길목에 주저앉은
그늘과 온기를 나눈다
저물녘은 간격 제로의 시간
24시간 밀착취재가 필요하다
젖 물리던 시간은 시나브로 말라붙어
더 이상 강물이 흐르지 못해도
치매의 그늘에
다시 돌아온 옹알이도 감감한 뜻 읽어주고
깡마른 강바닥 핏발서게 긁어도
다시 피 말리는
빚쟁이처럼 여전히 목마른
그 갈증 원 없이 축여주고
기저귀의 눈물로 짓무른 시간
말라비틀어진 꼭지가
못내 머뭇거리는 해를
안쓰럽게 붙들고 있다.

잊히다

요양원에 남겨두고 자식들이 떠났다
이제 다 잊고 편히
잘~ 지내라고
호박엿 같은 당부까지 하고 갔다
잊어먹는다고 요양원에 가자더니
다 잊으라 한다
집에 가서 개밥도 주고
죽은 영감 밥도 챙겨야 하는데
보따리를 싸들고 나가려니 문이 없다
문마다 벽처럼 잠겨있다
아는 사람도 잊혀가는데
모르는 사람들 호수에 빠졌다
보이는 것마다 낯설고
들리는 소리마다 귀 설어
고막을 천둥처럼 때리는 뻐꾹소리도 무섭다
기댈 곳이라곤 집에서 입고 온 속곳뿐이다
딱따구리가 딱딱딱 구멍을 파는 달밤.

투명인간

낙엽이 되어 팔랑거려도 보고
꽃이 되어 향기도 뿜어보고
꽃잎을 뒤집어 구름을 타고 에어쇼도 해보았다

누구도 돌아보지 않았다
누구도 귀 기울이지 않았다

미로 같은 동굴에서 아무리 소리쳐도
내밀어주는 손길이 없다

그렇게 하염없이 혼자 걷다보면
문득 깨달아지는 것
우리는 투명인간

서로를 핥듯이 꿰뚫어도
가슴에 칼이 꽂힌 것도
꽃대가 썩어 내려앉은 것도 보지 못하고
내 잠에 취해서 또 다른 나의
밤새 앓는 소리도 듣지 못하고
아리고 고리고 저린
사금파리에 찔린 꽃잎의 상처도 지나치고
서로의 생인손 한 번 잡아주지 못하고
투명한 생끼리 스치고 있다.

팔월

팔월은 젖을 불리는 시절
세상의 허기를 위해 팔월은 젖가슴을 키운다
만삭의 차오르는 숨을 헐떡거리며
살을 태우는 불덩어리를 거침없이 들이마신다
온몸이 타들어가야 젖샘에 찰랑찰랑 젖이 고인다

새벽길을 나선 농부는
덩굴손 그 작은 손아귀에 지팡이를 쥐어준다
지팡이를 붙잡고
허공을 기어오르는 덩굴손

빈손이라고 손사래를 치면서도
모른 척 지나치면 불러 세워서
치맛자락에 숨긴 애호박을 푸르게 내미는
늙은호박은 주름이 깊을수록 가슴이 달다

팔월은 젖을 불리는 시절
매미군단은 팔랑팔랑 부채질로
만삭어미의 출산을 돕고 있다.

하느님을 이해하다

약을 조제한다
동글동글 맘대로 굴러간다
홀인원도 아니고… 투덜거리며
다시 돌려 똑같이 나누다가
약포지도 영이 있어서 같은 게 많으면
지들끼리 서로 나누면 좋겠다는 생각을 하다가
하느님을 이해하게 된 것인데

누구는 늘어진 팔자로 태어나 별 노력 없이도 편하게 잘살고
누구는 무슨 험한 팔자여서 죽어라 노력해도
목구멍 타작하기도 힘든 것을 보며
불공평한 하느님을 원망했던 것인데

하느님이 인간에게 자신의 영을 나누어주실 때는
내가 복을 주다가 혹여 실수로
더 들어가거나 덜 들어가면 사이좋게 나누어라
당부하셨을 터인데
하느님의 당부는 배달사고가 나서
잊히고
모두들 제 몫으로 알고 제 복 지키느라
시린 옆구리는 돌아보지도 않는다

더러 머리 좋은 영들은
하느님의 당부를 기억하고 있어서

구세군냄비에 무명씨의 기부천사가 되고

그러한 연유로 성경에는
나를 잊지 않으면 나도 너를 잊지 않겠다는
말씀이 기록되어 있다.

풍란은 살아있다

요양병원의 풍란 한 촉
땅 위의 인연을 버리기로 작정한 듯
껍질뿐인 뿌리로 허공을 향해 한 걸을 내딛고 있다
한때 거울 보며 활짝 피어났을 귀걸이도
버겁다는 듯 귓불이 늘어져있다
두 눈 질끈 감고
수행하시는 풍란에게 여쭌다

"귀걸이가 귀찮지 않으세요?
빼드릴까요?"

꾹 다문 입술이 열린다
뼛속까지 비워내며 깨달은 말씀 놓칠 새라
귀를 바짝 붙인다
온몸의 진기를 끌어 바람 한 줄기 새어나온다

"안 귀찮아"

오금저리는 하늘계단을 건너는 저 용기
명주실 같은 지존이 버티고 있다
풍란은 살아있다.

한우(韓牛)의 마음

한우의 마음은 진달래꽃이다
분홍빛과 다디단 향기와 단아한 자태로
봄이면 우리를 물들이는
참꽃에는 굶지 말라는 어미의 기도가 숨어있다
어미의 마음으로
한 생生을 몸농사 지은 한우는
버릴 곳이 하나도 없다
내 살을 먹어라
내 피를 마셔라
성체를 받아먹듯 한우를 먹는다
어미의 마음으로 한 땀 한 땀 수놓듯
몸을 농사지은 한우
비를 피하라고 등심의 지붕을 얹고
따뜻하라고 구들장 같은 안심을 깔고
누구에게도 얕보이지 말라고 차돌박이를 박아두었다
쑥돌처럼 거친 매듭뿐일지라도
어미의 가슴에는 꽃이 피어나는 법
젖을 빨듯 한우를 먹는다
진달래꽃을 따먹듯 꽃등심과 꽃갈비를 먹는다
어미를 믿듯,
참꽃을 믿듯,
한우를 믿는다.

허드레가 되다

정년이다
이미 금이 그어진
결승점을 넘어서면 허드레의 길이다
가쁜 숨을 내려놓고
안 닦이는 구석처럼
장미꽃 언저리의 개망초꽃처럼
타작 뒤의 난알처럼

허드레가 된다는 것
'함부로'가 된다는 것인데
'어르신' 어쩌고 '인생고문'자리에 올려놓고
힐끗 한 번씩 돌아보며 냉담고문拷問을 한다

허드레는 구경꾼이 되는 일이다
배경이 되는 일이다
푸른빛은 이미 삭아내렸다
그러니 말이다
푸른 주연들이여, 제발
고무줄 늘어진 팬티처럼
나 좀 편히 입어주지 않을래?

화룡점정

외진 산등성이의 노송 한 그루
쉼표 한 번 찍지 않고 툭툭 불거진 길이
손가락매듭에 들어앉아 보석반지의 입점을 거부한다
팔순 기념으로 손부가 해온 반지를
만지작거리다가 손수건 귀퉁이에 묶는다
하늘말나리꽃잎 같은 등허리는
표준 치수가 들어맞지 않아
엉덩이는 추켜 올라가고 앞섶은 무릎까지 치렁하다
바람이 온몸에 새겨놓은
보물지도에는 비밀기호가 숨어있다
오금 박힌 길마다 주저앉지 않고
무르팍 문지르며 벌떡 일어나던 옹이진
시간이 스스로 발광(發光)하고 있다
저 못생긴 아름다움!
옹이진 시간마다 생의 느낌표 같은
비밀이 보석처럼 박혀있다.

목사골시장

당신을 응원한다
무조건 응원한다
제 쌀독이 비어도 남의 쌀독을 걱정하는,
마음을 다하여 응원한다
좋은 먹거리 나누자는 당신을 밥주걱으로 응원한다
행주치마처럼 나주의 새벽을 지키는 당신을
어머니처럼 응원한다
손가락으로 셀 수 없는 천 년이 배경이다
천 년의 바람을 견디면
썩어문드러진 아픔도 향기를 잉태한다
천 년의 흙은 그 흙에서 태어나서
그 흙을 젖처럼 빨아먹고
다시 그 흙의 밥이 되는 세월이다
천 년이란 그런 것이다
아침에 핀 꽃이 저녁에 꽃차로 피어나듯이
물기를 털고 고요로 남겨진 시간
석당간의 높이로 역사의 탑을 올리고
되 밑 같은 인심으로 '덤'을 꽃피웠다
오일장에 간다
매일시장에 간다
사람소리를 들으러 간다
인심을 맛보러 간다
천 년을 건너온
입담 좋고 손 큰 아짐아제를 만나러간다.

완사천*

그대, 무탈한가
천년을 건너온
고운 꽃잎 허공에 흩어져
실바람 기척에도
가슴 눈시울 출렁인다
목이라도 메여
그대, 인연의 샘물 들이키면
천년을 서성인
떠돌이 사랑도
눈물의 길 멈추고
저 버들에 닿으려나.

*완사천: 나주의 태조왕건과 장화왕후의 전설이 깃든 샘

부부의 길

-연극 "그대 손에 노란편지"

또.박.또.박. 편지를 쓰면

은행잎이 떨어지고,
노란색이 사라지고,
내가 더 이상 당신의 당신이 아니어도
추억은 아랫목의 밥주발처럼 따뜻하지

우리 처음 손잡을 때 별빛이 쏟아졌지…
종달이처럼 쫑알거리며
울먹이는 바위를 지나치는 치매소슬바람
명주손수건에 고이 접어둔 첫입맞춤이 스러지던 날처럼
외나무다리마저 추락해서
다시는 당신의 여보가 못 될지라도

우리 같이 걸었던
한. 장. 한. 장.
노란편지를 들여다보면
해오라기처럼
어느새 돌아와 나를 부르는 당신

"사랑해, 여보"
"고마워, 당신"
"여보, 아프지 마~"
"당신, 나 잊어버리지 마~"

바람을 기다리는 바위가 되어
그때 그 자리에 서있을게

"여보, 안녕"
"언제까지나 우리 함께 영원히"

꽃잎다섯장

가사-꽃잎의 흉터

꽃잎의 흉터

-일본군 종군위안부 피해자님을 위한 씻김굿-

꽃. 흉터
잎. 북소리
의. 고풀이
흉. 씻김
터. 길 닦음

꽃. 흉터

꽃잎은 한 장 한 장 꽃으로 피어나지
꽃잎 한 장이 멍들고 아프면
꽃송이 전체도 멍들고 아프지
저 혼자만 살겠다고 아픈 꽃잎 떼어내면
다리 떼면 못 걷고 손을 떼면 일 못하고
눈을 떼면 못 보고 입을 떼면 못 먹지
꽃잎 한 장 아프면 같이 앓고 울어야지
보듬어 같이 낫고 얼러서 달래야지
평생을 안고 갈 흉터 진 꽃잎들
흉터는 아픔의 사무친 기억이지
상처에서 고통의 육즙이 흘러넘쳐
뼈대에 각인된 갑골문자의 골처럼
움푹 파인 생살의 눈물로 씌어진

진실의 눈에 눈부처로 비치는 상형문자
꿈을 날다 덫에 걸린 아기새 한 마리
꿈을 꾸고 꿈을 찾아 길을 나선 선재동자
향기를 짓고자 길을 나선 꽃잎들
꽃길에 매복한 흉악한 도적떼들
어여쁘고 부드럽고 순결하고 연약한
꽃잎은 찢기고 멍들고 스러지고
너덜너덜 해진 꽃잎 흙터로 뒤덮였지
죽어도 꽃의 시간은 돌이키지 못하지
죽어도 꽃의 시간은 돌이키지 못하지.

잎. 북소리

쾅쾅쾅 쾅쾅쾅 북소리가 들렸지요
태풍이 몰려오는 소리인 줄 알았지요
아니에요 아니에요 미친바람이 몰아쳤지요
밭에서 호미질하던 부지런한 꽃잎 한 장
마당에서 팔방놀이하던 철부지 꽃잎 한 장
우물에서 물을 긷던 살림꾼 꽃잎 한 장
아버지를 걱정하던 효녀심청 꽃잎 한 장
지주집에서 품 팔던 가난한 꽃잎 한 장
함초롬히 피어난 복숭아 볼에는
어릴 적 솜털이 살랑살랑 보송보송
어여쁜 꽃잎들이 광풍에 날렸지요
쌀밥을 배불리 먹을 수 있다고
대물린 가난을 벗어날 수 있다고
편하고 돈 버는 일자리를 주겠다고

하고 싶은 공부를 원 없이 시켜준다
큰돈을 벌수 있다 좋은 옷을 입혀준다
천황께 몸 바치면 좋은 대우 받는다고
손에는 다디단 말 은쟁반에 받쳐 들고
등 뒤에는 채찍과 몽둥이와 거짓말을
까치밥 홍시처럼 새빨갛게 숨겼지요
제복 입은 남자에게 끈에 묶여 끌려갔지요
싱가포르 일본공장에서 일할 여성을 모집한다는
신문의 광고를 보고서 지원했지요
미친바람에 업혀가니 아수라장 전쟁터
사자 같은 아가리의 군부대 위안소
꽃잎들이 갈가리 찢기는 구간지옥
쾅쾅쾅 쾅쾅쾅 북소리가 들렸지요
심장이 터져서 핏덩이를 쏟았지요
사나운 짐승들에게 짓밟히는 꽃잎들…
사나운 짐승들에게 짓밟히는 꽃잎들…

의. 고풀이

미친 군인 100명에 짓밟힐 꽃잎을 찾았지요
나서지 않은 꽃잎 15장을 무참하게 꺾었지요
발가벗긴 꽃잎의 머리와 발을 잡아
못을 박은 판자 위에 데굴데굴 굴렸지요
선혈이 낭자하고
생살점이 너덜거렸지요
천지가 통곡하고 온 세상이 캄캄했지요
광풍은 못판 위 꽃잎 목을 내리쳤지요

두려움에 사무쳐서 새파래진 꽃잎들
중대장 광풍은 세차게 몰아쳤지요
위안부들이 고기를 먹고 싶어 운다고
광풍들은 꽃잎의 머리를 끓였지요
나무칼을 휘두르며 억지로 먹였지요
토하고 토해도 이미 삼킨 꽃잎은
우리의 핏줄에서 울먹울먹 흘렀지요
해를 봐도 달을 봐도 울먹울먹 흘렀지요

미친 대대장은 니시하라 광풍
미친 중대장은 야마모토 광풍
미친 소대장은 가네야마 광풍

한 장교광풍은 철봉을 꽃문에 꽂았지요
꽃잎은 비명도 못 지르고 파닥파닥
허공을 할퀴다가 혀를 문 채 떠났지요
매독에 걸린 것을 신고하지 않았다고
벌겋게 달군 철막대를 씨방에 넣었지요

재가 된 꽃잎은 눈을 뜬 채 산화하고
뽑아낸 막대의 검게 탄 살점에
지저귀던 방울새도 노래를 멈추고
부르르 부르르 부리를 떨었지요

너무나 참혹하다고요?
인간존엄성이 짓밟혔다고요?
성착취를 당했다고요?
노동착취를 당했다고요?

정신대와 위안부는 완전히 다르다고요?
용어를 정리하자고요?
과거사로 돌리자고요?
정리된 용어가 고 풀 듯 술술술
꽃잎들의 억울함을, 통한을 풀어주나요
꽃잎들도 이 나라 꽃송이의 딸이어요
사랑받기 위해 태어난 조물주의 피조물이어요
아버지는 어디에서 꽃잎을 지켰나요
어머니는 어디에서 꽃잎을 지켰나요
오라비는 어디에서 꽃잎을 지켰나요
나라는 어디에서 꽃잎을 지켰나요
신께서는 어디에서 꽃잎을 지켰나요
악마들이 고문을 잔치처럼 즐길 때
모두들 어디에 어디에 있었나요
누구의 과거사지요?
누가 잊었나요?
꽃잎이 임신했다고 미친 군의관은 배를 갈랐지요
파닥거리는 씨방을 태아째 들어냈지요
누구의 과거사지요?
누가 잊었나요?
조센삐 조센삐 공중변소라 놀리면서
하루에 100명의 미친 군인들이
하루에 100번 죽는 꽃문을 들락거렸지요
누구의 과거사지요?
누가 잊었나요?
못 견뎌서 못 견뎌서 지옥을 도망쳤지요
길 잃은 어린 새처럼 파닥거리는 꽃잎에게
도망친 죄라고 철봉으로 후려쳤지요

폭탄 맞은 바위처럼 산산이 부서졌지요
꽃잎의 뇌수가 피눈물처럼 흘러내렸지요
70년이 지나도 그 상처 선연하지요
도망쳤다고 악랄한 물고문을 당했지요
고무호스를 입에 넣고 물줄기를 틀어댔지요
부풀어 오르는 복부 위에 널빤지를 올려놓고
미친 군인들이 올라서서 널뛰기하듯 뛰었지요
입에서는 물줄기가 분수처럼 솟았지요
기절할 때까지 악마들은 지치지도 않았지요
여름날 장맛비처럼 고문은 쏟아졌지요
누구의 과거사지요?
누가 잊었나요?
발목을 끈으로 친친친 묶어서
기둥에 거꾸로 대롱대롱 매달고
셀 수 없는 바늘이 꽂아진 몽둥이에
화장을 시키듯 먹물을 바르고
꽃잎들의 입속에 강제로 쑤셔박았지요
앞니가 부러지고 입속은 만신창이
바늘에 찔린 혓바닥은 화롯불에 타는 듯
붉디붉은 선혈이 뿜어져 나왔지요
누구의 과거지요?
누가 잊었나요?
악마는 마디마디에 문신을 새겼지요
투명하고 뽀얗던 꽃잎의 길 위에
캄캄한 먹물이 매듭매듭 뿌려졌지요
기절한 꽃잎들을 마차에 실어서
짐승들이 우글거리는 들판에 버렸지요
중국인 남자가 광풍 몰래 엿보다가

숨결이 남아있는 꽃잎을 옮겨서
지극한 정성으로 두 달간 돌보았지요
꽃잎은 남의 나라 이름도 모르는 오라비에게
모질고 모진 목숨 눈물로 빚졌지요
누구의 과거사지요?
누가 잊었나요?
혓바닥에 아직도 꿈틀거리는 먹빛은,
입술에 돋아나는 바늘의 아픔은,
미친바람이 무릎 꿇고 용서를 빌 때까지
혓바닥을 울리고 입술을 뒤틀겠지요
꽃잎의 등 아래는 파랗고 둥근 반점
염주처럼 줄줄이 새겨져 있지요
복부에는 낙서 같은 무늬가 있지요
광풍들은 재미있는 놀이처럼 즐기며
울부짖는 꽃잎을 웃으며 학대했지요
버려진 버러지처럼 손가락으로 짓뭉갰지요
찢어진 낙엽처럼 발바닥으로 짓밟았지요
시모노세키에서 대만으로 광동으로 방콕으로
사이공으로 싱가폴로 자카르타로 뉴기니아로
수마트라로 마랑으로 랑군으로 끌고 다니며
마약주사를 맞히고 하루에 50명씩
토요일 일요일 주말에는 100명씩
마약주사도 네다섯 대씩 한꺼번에 맞혔지요
미친 장교들이 제 말을 따르지 않는다고
내키는 대로 꽃잎에 칼질을 해댔지요
칼자국은 칠십년을 굼벵이처럼 건너도
방금 맞은 칼날처럼 핏발이 성성한데
죄도 없이 비는 꽃잎 담뱃불로 지지고

길가에 뒹구는 돌멩이처럼 걷어찼지요
누구의 과거사지요?
누가 잊었나요?
낙화는 흔들릴 때마다 쏟아져 내렸지요
금계랍 수 십 개에 떨어진 꽃잎들
창틀에 목을 매고 떨어진 꽃잎들
낙화에서 모질게 살아남은 꽃잎들
병들어 쓸모가 없어지면 죽였지요
꽃문을 권총으로 쏴 죽인 광풍들
구덩이에 던져서 불에 태워 죽이고
꽁꽁 언 주먹밥에 수은 넣어 죽이고
우물에 던져서 생매장을 했지요
광풍에 휩쓸려간 꽃잎은 이십만
광풍에서 건져낸 꽃잎은 이백삼십팔
아직도 타국에서 울부짖을 아픈 영혼
아무도 아픈 손을 잡아 주지 못하고
아무도 기막힌 한 풀어주지 못하고
기억도 못하고 기억도 안하고
강인지 바다인지 골짝인지 사막인지
헤매고 헤매고 헤매고 헤매도
낮에는 나락이고 밤에는 벼랑이고
지옥의 시간이 언젠가 끝나겠지
언젠가 집으로 돌아갈 수 있겠지
꿈속에서 웃어주는 어머니를 그리며
죽음보다 캄캄한 하루하루 견뎠지요
겨우 살아 돌아오니 아버지는 옥사하고
그리던 어머니는 대들보에 목매고
산보다 높을 줄 알았던 내 이웃

강보다 깊을 줄 알았던 내 가족
바다보다 넓을 줄 알았던 내 나라
꽃잎들이 부끄럽다고 걸레처럼 외면하고
손가락질하고 떠밀어내고 뒷방에 숨겼지요
바람에 흔들리고 강물에 떠밀리고
바위에 부딪히고 바다에 빠져서도
모질고 모진 목숨 모질게도 남았지요
너덜너덜 해진 가슴 기우며 기우며
머나먼 고향의 순해진 강기슭에
상처뿐인 꽃잎을 눕힐 날을 그리며
뜬구름 부평초 되어 흘러 다닌 한평생
뜬구름 부평초 되어 흘러 다닌 한평생.

흉. 씻김

태워도 태워도 지워도 지워도
불가사리처럼 되살아나는 시커먼 치욕이여
생수처럼 솟아나는 아픔의 강에서
뿌리째 허우적거리는 가여운 꽃이여
팔십이 되어도, 구십이 되어도,
달빛이 되어도, 별빛이 되어도
언제나 열다섯 여드름 같은 꽃이여
꽃으로 피지 못한 원통한 꽃이여

오늘 아침 찧어낸 햅쌀 같은 여중생
사춘기라고, 뾰루지 몇 개 솟았다고,
엄마에게 잉잉거리며 팔짝팔짝 짜증내는

곱게 피겠다고 까치발 들고 멋 부리는 꽃이여

어머니, 어머니,
그 어린 꽃에게 무슨 일이 일어났습니까?
일본군의 흉악한 수욕에 짓밟혀
배꽃 같은 순결은 흔적 없이 뭉개지고
짐승들의 욕정의 하수구가 되었습니다
하얗고 성스러운 꽃망울은 날마다
수십의 칼날에 수 천 번 난도질
어머니, 꽃들은 수치를 버렸습니다
비바람 폭풍 속에 가녀린 꽃잎은
천 갈래 만 갈래 찢기고 짓이겨져
해가 뜨고 달이 떠도 해가 지고 달이 져도
분노와 절망의 소낙비가 내렸습니다
어머니, 어머니,
이보다 더 큰 울음소리를 들어보셨는지요?
육천의 매듭마다 골목길 샛길까지
오욕의 먹물이 새카맣게 스며들었습니다
구렁이 같은 문신이 휘감아 옥죄고,
순전한 영혼까지 악마처럼 파먹었습니다
세월이 흘러도 자라지 못 했습니다
열여섯 집 떠날 때 그 아픈 나이에서
고장 난 시계처럼 시침도 분침도
가는 것을 멈추고 꽃도 멈추었습니다
어떤 꽃은 임신한 배를 난자당해 죽고
어떤 꽃은 이국의 구덩이에서 불에 태워지고
어떤 꽃은 사나운 발길질에 혼절했지요

언젠가는 따뜻한 집으로 돌아가리라
갈기갈기 찢기고 찢긴 꽃잎도
어머니 품안에 아늑하게 안기면
그 상처 온전히 없던 일처럼 치유되리라
가슴에서 뚝뚝 선혈을 흘리며
가시철조망을 넘고 넘어 집으로 돌아오니
그리던 굴뚝의 연기는 말이 없고
지붕은 흔적 없이 먼지처럼 사라지고
어머니는 꽃을 기다리다 사립에서 돌아가셨다지요

어머니, 어머니,
어머니, 어머니,
찢긴 꽃은 마르지 않는 눈물의 강이 되었습니다
밤마다 울부짖는 날선 칼이 되어서
구렁이처럼 휘감긴 오욕의 시간을
한 점 한 점 칼날을 세워서 도려내었습니다

먹물에 수장당한 세상에서 가장 아픈 꽃들아
은하수에 씻기어 배꽃처럼 하얘져라
한평생 흘러간 꽃들의 눈물아
주인을 희게 씻어줄 은하수가 되어라
주인을 희게 씻어줄 은하수가 되어라.

터. 길 닦음

사립문에 널브러진 코고무신 한 켤레
주인은 어디 갔나?

주인은 어디 갔나?
하늘가에 낭자한 붉디붉은 울음소리
각혈 같은 석류에 알알이 박혔네

산 넘고 바다 건너 정처 없이 끌려간 꽃
한 놈, 두 놈, 세 놈, 네 놈
스무 놈, 서른 놈, 마흔 놈, 쉰 놈
헤다가 헤다가 짚다발처럼 무너져도
쓰나미처럼 덮쳐오는 독사들의 송곳니

반딧불처럼 반짝반짝 돋아나는 호기심
여드름 올록볼록 사춘기 꽃망울에
주먹 쥔 꽃잎마다 검붉은 피멍이네
꽃이 할 수 있는 일은
소리 없는 비명이네
하늘은 눈을 가리고 땅은 입을 다물었네
어머니, 어머니,
아픔을 견디려
어머니, 어머니,
수치를 버리려
어머니, 어머니,
오욕을 씻으려

울어라 소녀야
울어라 소녀야
세상에서 가장 깨끗한 소녀야
세상에서 가장 어여쁜 소녀야
세상에서 가장 고귀한 소녀야

봉선화는 저고리에 고개를 묻고
무궁화는 바닥에 정신줄을 놓은 채
세상에서 가장 큰 울음을 울어라
눈물강 눈물바다 눈물하늘 눈물땅
강바닥엔 죽창 같은 송곳이 꽂히고
비빌 언덕은 울울창창 가시울타리
해가 뜨면 햇살은 칼날
달이 뜨면 달빛은 아귀
비가 오면 빗줄기는 몽둥이
눈이 오면 눈발은 채찍
밥에는 수은덩어리
우물에 던져지고
구덩이에 생매장
불을 놓고 총질하고
불러오는 배는 칼로 난도질
꽃은 생명의 뿌리를 잃었네
꽃은 발 디딜 대지를 잃었네
꽃은 쬐일 햇빛을 잃었네
꽃은 기댈 달빛을 잃었네

살아도 어둠의 시간
죽어도 어둠의 시간
꽃의 대낮을 캄캄하게 뺏긴 꽃
찢기고 밟히고 짓이겨진 꽃의 꿈
꽃의 기억을 까맣게 잊은 꽃
구덩이에서 함성처럼 들려오는 "쳐 죽일 놈들"
우물에서 꾸짖듯 들려오는 "쳐 죽일 놈들"

살아있어도 죽은 꽃
살아있어도 잊힌 꽃
살아있어도 지워진 꽃
살아있어도 숨겨진 꽃
누구도 지켜주지 못한 한 맺힌 꽃, 꽃

스스로를 지키려는 눈물겨운 몸부림
주먹을 쥐고 바르르 한평생을 떠는 일
"쳐 죽일 놈들" "쳐 죽일 놈들"
터져버린 심장으로 호되게 꾸짖는 일
들이쉬는 숨결은 천근 바윗돌
내쉬는 숨결은 만근 먹구름

누가 꺾었나 어여쁜 꽃송이
누가 밟았나 순결한 꽃송이
누가 버렸나 고귀한 꽃송이
죄 없이 죄인인 죄 없이 쫓겨난
세상에서 가장 억울한 꽃송이
세상에서 가장 아픈 꽃송이

천지의 눈물 위에 띄워 보낸 꽃송이
이제 그만 아프게
이제 그만 서럽게
천지의 눈물로 희게 씻긴 꽃송이

사립문에 널브러진 코고무신 한 켤레
주인은 어디 갔나?
주인은 어디 갔나?

앞산에 뻐꾸기 따라 달래냉이 캐는가
앞산에 뻐꾸기 따라 달래냉이 캐는가.

*이 가사시는 일본 종군위안부피해자님들의 증언을 토대로 창작되었습니다.

꽃잎여섯장

다시 읽는 그리움

소 잡는 날

암컷들은 아무리 가난해도
몸속 은밀한 곳에 주머니 하나씩 숨겨둔다고 한다

암컷들의 목구멍으로 넘어가는 것들은
주머니 속에 알콩알콩 쌓여 젖별이 된다
주머니를 뒤집어보면
은하수 같은 만경창파에 빨대들이 빼곡히 꽂혀있다
빨대 끝에는 실팍한 젖별들이 남실거리고
초승달 같은 어린 주둥이들이 찰싹 달라붙어있다

오목오목 물 당기는 소리
꼴딱꼴딱 논밭 적시는 소리

오지다

오랜 가뭄 끝의 저수지바닥처럼
생살이 다 타버릴 때까지
주머니는 제게 남은 젖별을 아낌없이 흘려보낸다

암소를 잡던 날 알았다
주머니를 들어내니
암소의 살집은 몇 점 발라낼 것도 없이 초췌하였다

누군가 말했다
암컷들은 주머니 빼면 허방이여.

눈물에게

눈물은 태초에 가시였단다

순한 눈을 지키라고 하느님이 선물로 주셨지

발톱을 세워 달려드는 적들을
가시는 차마 찌를 수 없었단다

마음이 너무 투명해서
적들의 아픔까지 유리알처럼 보였거든

세상의 순한 눈들은
가시의 방향을 바꾸어
제 마음을 찌르고 말았단다

도살장의 소

마음이 흘린 피
그게 눈물이란다.

징검다리

산다는 것 어찌 보면 징검다리 건너는 일이지요

아스라한 둔덕을 건너다보며
긴 한숨을 몰아쉴 때
젓꼭지처럼 까맣게 반짝이는 별빛들
어미의 마음으로 누군가 괴어놓았을 징검돌들
건너가는 누구의 발걸음도 불안하지 않도록
흔들리는 가슴끼리 이리 내어주고 저리 덧대어서
하지 않은 약속처럼 아귀 맞는 조약돌이 되어
사이사이 요리조리 끼워놓은 정성을 딛습니다
아지 못한 그이의 지극한 마음이 길을 잡아줍니다

산다는 것 어찌 보면
같으면서 다른 우리끼리
이름도 없이 빛나는 은하수의 작은 별들처럼
이리 내어주고 저리 덧대어서
서로의 눈물을 괴어 징검돌이 되어주는 일이지요

열매의 기쁨을 위해
불꽃으로 스러져가는 저 꽃잎처럼
계절을 건너기 위해
가을의 징검다리가 되는 저 낙엽처럼
우리는 또 누구의 눈물을 딛고
오늘을 건너고 있는 것일까요.

나이든 호미

나이든 호미가 힘들어 보여 젊은 호미를 샀다. 김을 매는데, 젊은 호미는 다짜고짜 풀숲에 달려들더니 날카로운 손톱을 바짝 세우고 풀뿌리를 댕강댕강 막무가내로 끊어버렸다.

날이 밝자 글쎄, 잘려진 뿌리에서 새움이 쏘옥 혓바닥을 내미는 것이었다. 이제 그만 쉬라고 두엄자리에 얹어둔 나이든 호미를 다시 집어 들었다.

호미는 오랜 노동에 뭉툭해진 손톱으로 뿌리에게 무어라 어르고 달래는 것 같았다.

실뿌리 한 올까지
호미에게 내어준 바랭이는
쌀강아지 혀처럼 보드랍고
따뜻한 햇볕에 순해진 눈물을 말렸다

나이든 호미는
잔뿌리에 달라붙은
설움 같은 흙덩이를
가만가만 털어주었다.

김치엄마

나, 미운 엄마에게로 돌아간다
무지랭이 엄마, 욕쟁이 엄마, 꼬짐보 엄마,
오일장 마실 갈 때면
소나무 껍질처럼 부르튼 입술에
빨강연지 덧칠하며 웃던 엄마
흠흠거리면 땀에 어룽진 시큼한 냄새

너무 만만해서
너무 익숙해서
도시락을 열다가 후다닥 덮어버린 엄마
시장바닥의 시래기처럼 버려진 엄마
나도 모르게 엄마에게로 몸이 기울면
항아리뚜껑을 열어둔 채
눈물처럼 짜디짠 사랑이 기다리고 있다

자갈자갈 자갈밭처럼
한평생이 자갈거려
대들보까지 아리게 뭉그러져도

나아는~ 괘엔~차안~ 타아~
나아는~ 괘엔~차안~ 타아~

산울림이 되어서도 괜찮다는 엄마
한 번도 괜찮은 적이 없던 엄마

거짓말쟁이 엄마

노을 저편,
노을노을 타들어가는 장독대 너머
고춧가루 범벅인 손바닥을 비비며
생인손처럼 아린 꽃잎들을 위해
저물도록 기도하고 있는
김치엄마.

왼쪽이 아프다

땅이 왼다리를 전다
왼쪽으로 기울어지는 몸
강한 오른손에 밀려 움츠러든 왼손
주방보조처럼 제대로 된 음식 만들어 본 적 없다
길 왼쪽에 몸을 푼 작은 저수지
오랜 봄가뭄에 자궁이 열려 있다
낙태의 흔적일까
자궁내벽의 생살 움푹 패어있다
군무를 추며 상처를 핥는 하루살이 무리
치맛자락을 잡아당겨 흉터를 덮어주려는 듯
깊은 골을 따라 애잔한 물줄기 서넛
긴 자락을 끌고 있다
형제 중 공부가 뒤처진다고
왼손처럼 자꾸만 움츠러들었던 작은 언니
교통사고로 우리 곁을 떠난 뒤
어머니는 왼 무릎이 운다며
앉기만 하면 왼 무릎을 왼 손바닥으로 쓸어주었다
모든 애잔한 것들은 왼쪽으로 쏠리는 걸까
왼쪽 하늘이 붉게 충혈 된다
더는 못 참겠다는 듯
속 관절 붉게 타는 어머니 왼 무릎이
산등성이로 서럽게 꺾이고,
아픈 살이 떠나자
남아있던 몸도 금세 어두워졌다

그리고 언니의 볼우물처럼
수줍은 달빛이 어머니의 윈 무릎을 부드럽게 안았다.

사랑하는 일이란

창가에 애기별꽃이 별천지가 되었다
나를 보게 하려고 꽃의 얼굴을 돌려놓았다
웬걸,
이내 양지뜸으로 돌아서는 마음에
나는 혼자 화끈거린다

누군가를 외곬으로 바라본다는 것
멈출 수 없다는 것
그것, 불에 덴 듯 얼마나 아린 일인지

하여도 사랑한다는 것은
다른 사랑을 바라보는
너의 눈물까지 내 안에 들이는 일
그러나, 그것 또한
가시에 찔린 듯 얼마나 아린 일인지

그러므로 사랑하는 일이란 언제나
가슴 복판에
매운 강물 한 줄기 흘려보내는 일

그래서,
앓다가 앓다가
송진이 굳듯이 매운 가슴이 굳으면
진흙수렁 같은 상처에서

홍련화 한 송이
피어나리니.

알타이의 바람

대저 육신이 영혼을 품게 마련이지만
알타이의 바람은 영혼 속에 육신이 있다
언다는 일은 육신의 각을 견디겠다는 불굴의 의지
걸음 걸음 고드름이 서걱거린다
카이치*는 바람의 각을 녹여 흘러내리는 육신을 호명한다
그래서 카이는 세상에서 가장 추운 바람의 문장이다
땅을 구르고 계곡을 휘돌아나가 세상을 얼린
황금산맥 바람의 육신이
카이치의 날숨을 통해 녹아내린다
땅을 일으키고 잠든 영웅을 깨우는 카이
설산과 호수를 건넌 장작의
불을 꺼내 쓰는
나이든 노파의 손바닥엔 자작나무가 자라고 있다
세상에서 가장 추운 자작나무숲에
순록의 뼈가 넘치기를 기도하던
열일곱의 처녀가
일흔의 홀아비에게 시집가는 밤
별들은 마유에 목을 적시고
달빛은 눈길에 미끄러지는데
숲에 든 영웅들은 얼음바위로 태어나리라
카이치의 육신인 카이가 날개를 편다
알타이의 피돌기가 시작되었다.

*카이치 : 알타이의 서사시인 '카이'를 부르는 전문유랑가수

아버지의 손

사막을 보고 있다
만지면 고운 모래가 묻어날 것 같은
고요가 고요를 말리는 건조증이 아직 진행 중이다
저 사막에도 용트림하듯 거센 강물줄기 흘렀었다

회초리를 들어 내 장딴지를 후려치던
그 강단진 패기는 어디쯤에서 말라버렸을까
한 장 한 장 생을 굽듯이 아스라히 구워낸
내 대학등록금을 은행창구에 들이밀 때
아버지의 손은 사바나로 변하고 있었으리라

나는 회초리 든 아버지의 푸른 손만 기억하였다
모래바람이 아무리 거세게 불어도
아버지의 손은 언제나
내가 편히 쉴 늘 푸른 초원인 줄 알았다

한 방울의 비도 내리지 않은 혹독한 시절을
무소의 뿔처럼 홀로 지고 걸어간
아버지의 강과 샘은 하얗게 말라붙어

눈을 감고 만지면 아버지의 손은
죽어 천년을 산다는 사막의 나무
한때 그 몸에 푸른 이파리 살랑였던 기억까지
깡마르게 지워낸 호양나무의 수피처럼
갈기갈기 거친 호흡으로 덮여 있었다.

냄새의 역사

용산역에서 마지막 열차를 기다린다
눈동자는 텔레비전 화면에 빠져있는데
눈치 없는 후각세포가 어느 냄새의 역사를 파헤친다
대합실 세면장에서 고양이세수로 시치미 뗀 냄새가
양파껍질처럼 한 겹씩 벗겨진다
아마 세 번쯤의 겨울을 이 대합실에서 보냈을,
몇 번쯤 쫓겨났다가
생나무 연기처럼 꾸역꾸역 스며들었을
냄새의 역사들이 의자에 박혀있다
냄새도 닮은 무늬끼리 좋아하는지
헝클어지는 눈빛에 싸구려로션 같은 끈적함이 배어있다
아침샤워로 냄새를 감쪽같이 지우고 나온
냄새초년병들은 오래된 냄새를 피해 자리를 옮긴다
백화점에서는 '이제는 헤어져야 할 시간' 이라고
하루치 냄새와의 이별을 재촉한다
백화점이 소등되고 한참 뜸을 들인 후
정처 없는 냄새들은 떠나라며
경고도 없이 모든 채널의 화면이 죽어버린다
해진 등산복차림의 나이깨나 먹은 냄새들은
멸시로 쌓은 산봉우리 몇 개쯤은 가볍게 넘어왔다는 듯
한쪽 어깨가 기울어진 줄도 모르고
삼년치의 냄새를 메고 간다

집 밖의 시간에서는 단내가 난다

오래된 냄새일수록 땔감으로 쓰일 만큼 뜨거운 불이 들어있다.

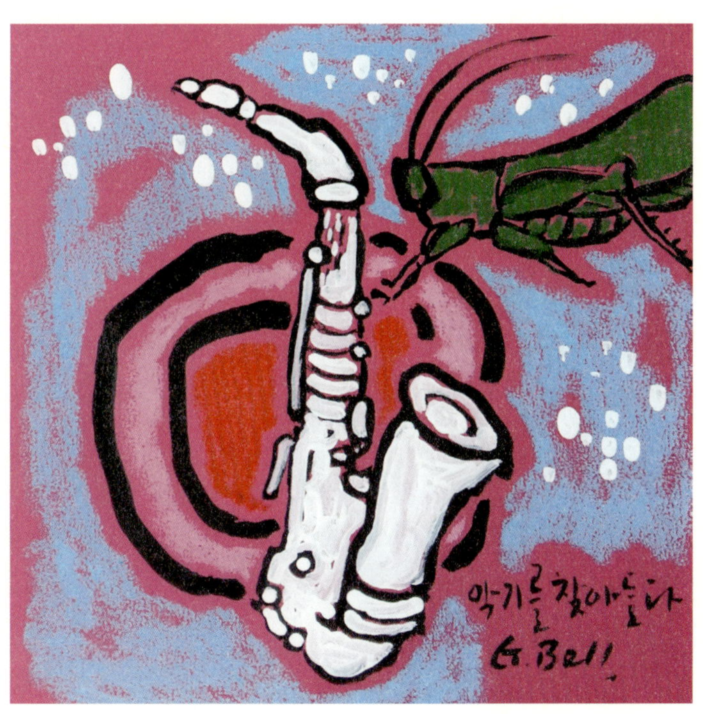

귀향

1. 안개 속으로

무진댁의 고향이 무진이란 걸 봄 안개의 아득한 품에 잠들어있는 그녀를 보고서야 우리는 깨달았다. 치매를 앓던 무진댁은 자식들이 팔아버린 논배미를 에돌았다. 눈치 보듯 슬금슬금 피를 뽑고 나락을 쓰다듬었다. 무진댁을 돌보던 사촌이 대처에 있는 아들에게 통문을 하고 그녀는 요양원을 거쳐서 딸네로 갔다. 딸네서 백 일째 되는 날 무진댁이 홀연히 사라졌다. 그 이레 후에 순찰을 돌던 경찰이 안개 속으로 까무룩 스러져가던 무진댁의 진달래 빛 스웨터를 알아보았다.

2. 낙화

길을 벗어난 자동차바퀴 같은 그녀를 젖은 논바닥이 안쓰럽게 물고 있었다. 갈기를 세운 꽃샘바람에 실낱같은 숨결은 살얼음이 바삭거렸다. 무진댁의 몸을 물고 있던 논은 볏짚으로 그녀의 몸을 감싸고 있었다. 구급차가 도착하기 전 그녀는 생의 담벼락 아래로 능소화처럼 통꽃 째 툭 떨어졌다.

3. 귀향

다시는 놓지 않겠다는 듯 삭아가는 볏짚을 한가슴 따뜻하게 안은 채로 질척거리는 생의 습기를 거두어들였다. 볏짚을 들어내자 논바닥에는 아직 빠져나오지 못한 무진댁의 얼굴과 가슴과 무릎이 음각으로 새겨져있었다. 귀향한 그녀의 몸을 타고난 지형뿐만 아니라 그녀의 퇴행된 시간들이 무채색으로 덧칠한 활처럼 휜 무릎이며 굵어진 손가락 매듭까지 한 장의 항공지도처럼 논바닥이 기억하고 있었다.

정자나무

모두가
내 그늘에서 쉬어가길 기도했다

머리 희끗해진 겨울산에서
발밑을 내려다보니

내가

누군가의
등을 딛고
서있었다.

종의 기원

사람은
두 종류가 있다

바람의 가슴에 스며들면

꽃으로
피어나는 사람과

가시로
박히는 사람.

나주에 가면

나주에 가면 어쩐지
할머니의 그것처럼 부드럽게 늘어진 설움이
외손주의 그것처럼 순하고 달콤한 웃음이
동구 밖까지 마중 나와 있을 것만 같아서

역에서 내리면 버들이처럼 살가운 친구가
버들잎 띄운 물 한 대접
반가움으로 받쳐 들고 서 있을 것 같아서
쪽물처럼 물색 깊은 연인이
영원처럼 기다리고 있을 것도 같아서

내가 넉 잠 쯤 잔 누에라면
푸른 잠에서 깨어날 때
뽕잎의 통통한 향기가 살랑일 것도 같아서

그곳에 가면
초조한 그림자도 되운 한숨도 모두 느리고 연해져서
아무데서나 포로롱 풋잠에 빠지고
내 평생의 눈물을 제 한 몸에 다 받아 마신 영산강
그 서늘한 어깨에 기대어 뜨거운 이마를 식히면
배꽃처럼 순결한 꿈을 꿀 수 있으리라

어린 대나무를 엮어 만든 작은 평상이 놓인
정자나무 그늘 같은

아직, 나주라는
흘러내리듯 수룻한 그리움이 있어
나는 오늘 먼 길을 떠나리.

달에게

달아, 너 얼마니?

어느 천재가 발명한
열두 명과 동시에 눈 맞추는
마네킹이 10억이래

세상의 모든 마음들과
동시에 눈 맞추는

달아,
너는 얼마니?

눈물을 너무 사랑해서
세상의 모든 눈물 호수를
오체투지로 찾아다니는
너 둥글고 촉촉한 마음아.

2009

홍탁아리랑

뭣이라고롸,
전라도 제일가는 음석이 홍탁이라고라
푹 삭은 홍어맹키로 알싸한 설움이
애간장 타는 목구멍을 매콤하게 핥아불믄
새끼손구락에 원산폭격당한 막걸리도
저 속창아리 하나 없는 노을아라리같이
시뻘겋게 웃는다고라

허, 이녁 설움들 누룽지처럼 박박 긁어서 홍탁에 띄우면
고우면 고운 데로 미우면 미운 데로
토끼 같은 새끼들 젖먹여감시롱
설강구석지에서 새카맣게 저물어가는 고향 찾어
아리랑아리랑 흘러가는 영산강맹키로
땀띠 꼭꼭 백인 논고랑밭고랑 고상도
에고데고 아리랑고개로 넘어가불고
실뿌리 꼼지락거리는 모냥세꺼정
유리창같이 훤히 들여다보이는 땅투성이만 파묵다가
허풍쟁이 뜬구름 장단에 폭삭 망해묵은
우리 아부지 확 불싸지를 울분도
늦장가 든 노총각 거시기맹키로 아라리아라리 녹아내리고
십리도 못가서 발병난,
영산강변의 유채꽃 같던 옛날옛적 그 노랑댕기 가시나도
꽃차맹키로 향긋~향긋~ 돌아온다고라
왔따메, 뭔 그런 일이 있다요

다 그러쿠럼 밥풀로 붙인 것 맹키로
아리랑고개로 딱딱 메다치면
누가 꼬빡 눈빼기로 날밤을 홀라당 새움시롱
소피 마려운 강아지맹키로 끙끙대겄소 잉
염장에 미운 메주 한 뎅이 질끈 동여맨 것 맹키로
세월의 가슴팍이 이리도 무겁겄소 잉
아리랑 한평생~, 손톱 세울 일도 삿대질할 일도 없던
우리 엄니 속내가 어찌 그리 물러터진 맹꽁인가 했더니
홍어애맹키로 아리랑아리랑
푹푹 삭아내려서 그랬구만이라
홍탁이 씹을 것도 없이
아라리아라리 목구멍으로 술술 넘어가는 것이
우리 엄니 팔십평생 창시 썩은 덕 아닌가베
아니여라, 그 땡여름 불가마에도 여직 덜 삭은 날개가
요러쿠럼 구수하게 씹히는디
우리 엄니 아리랑 아리랑
푹푹 삭아내리던 서러운 살집에도
덜 무른 뼈마디가 있었던지
애문 내 궁뎅이 부지깽이질 몇 번 당했구만이라
홍탁, 고것이 참말로 아쉼찮게도
아리랑아리랑 고~개~랑께.

발굽

초원을 맨발로 달리면 발톱이 발굽이 된다
소 같은 남편도 없고, 남편 대신 일해 줄
소도 없던 평동아짐은 스스로 소가 되었다
토끼 같은 자식 다섯 앞서고 홀시아버지 뒤따라오면
청상과부는 홀로 수레를 끌고
멍에를 지고 밭을 갈고 논을 갈았다
엎질러진 팔자를 쓸어 담기 위해 온몸이 주걱이 된 아짐
자갈투성이 생의 초원을 맨발로 달리느라
주걱은 닳고 닳아 어느새 발톱이 발굽이 되었다
발굽으로 걷는 아짐은 오리처럼 뒤뚱거렸다
뒤따라가던 바람의 코가 벌름거리고
어슬렁거리던 굴참나무에서 웃음잎이 쏟아졌다
철모르는 웃음소리는 아린 발굽에 소금을 뿌렸다
늦가을문풍지가 워낭처럼 곡조 내어 우는 밤이면
꾹꾹 억누른 설움이 발굽의 앙다문 틈에서 흘러내렸다

아짐이 죽고,
처음으로 남의 손에 버선을 신게 된 아짐은
발굽이 된 발톱이 부끄러워 헌 버선을 놓지 않았다
헌 버선이 품고 떠난 아짐의 발굽에서
어린 발톱이 돋아나는 것을 누구도 알아채지 못했다.

| 후서 |

풍경의 흉터를 해석하다 / 김종

| 문학의 향기 |

풀꽃처럼 여린 그대에게 / 김을현

풍경의 흉터를 해석하다

김 종
(시인, 화가)

전숙 시인의 눈길은 스치는 풍경마다 무심하지가 않다. 아니, 이들 풍경은 고스란히 시인이 작량한 시의 창고가 된다. 본질적으로 아름다운 게 풍경이다. 허나 풍경 속에는 수많은 상처가 고통스럽게 숨 쉬고 있다. 세상의 흉터를 노래하는 시인은 숙명의 밧줄을 풀듯이 풍경이 흘린 눈물고랑을 살피고 흉터의 아픈 시간을 도정하여 입쌀처럼 순하게 되돌리고자 한다. 시인은 그간에 울림이 큰 풍성한 언어로 세상을 위로하듯 우리의 어머니와 딸들을 살피고 어둡고 아픈 세상을 자신만의 자별한 언어로 노래해왔다. 이번 시집에서도 「우리 형우」, 「일주문에 들다」, 「버리다」, 「뼈대」, 「복조리」, 「시누대」 등등의 울림이 오래도록 우리의 눈길을 머물게 한다. 특히 이 시집의 압권인 「꽃잎들의 흉터」는 매우 통 큰 주제를 '가사시'라는 이름으로 묶어낸 전숙 시인의 야심작이다. 흉터의 눈물을 녹여서 시인의 눈물로 재조합한 이 시는 이웃 섬나라를 불태울만한 거대한 화염이다. 이 화염이 우리가 겪어낸 시대의 아픔을 함께 위무하는 통과의례적인 의미가 되었으면 싶다. 인간세상의 노래와 이야기는 시인이 없어도 쉼 없이 돋아나고 우거지겠지만 시인이 무릎 꿇고 받아 적은 다음에야 비로소 더 큰 통곡으로 되살아나는 것을 목도하게 된다. 겸하여 읽은 「나주에 가면」, 「귀향」, 「아버지의 손」, 「나이든 호미」, 「눈물에게」, 「귀향」, 「징검다리」, 「홍탁 아리랑」 등은 다시 대하는 감동이었다. 풍경의 흉터를 단단한 근육질의 언어로 새롭게 해석해가는 전숙 시인은 여전히 우리 시대가 주목해야 할 한 사람의 시인임에 틀림없다.

풀꽃처럼 여린 그대에게
- 시인 전숙

김 을 현
(시인)

눈물로 넘쳐나는 세상에 바치는 시
풀꽃처럼 여린 누군가에게 작은 위로가 된다면…
그래서 무릎 꺾인 그대가 다시 일어서서
생을 건널 용기를 얻는다면…

시를 쓴다는 것은 사막에 가보지 않고 사막을 느끼는 일, 물 한 방울 없는 모래땅에 씨앗을 뿌리는 마음이다. 아무리 척박한 땅일지라도 반드시 싹이 틀 거라는 믿음… 내가 뿌리는 희망의 씨앗이, 비록 기약할 수 없이 정처 없는 여행일지라도 언젠가 꼭 무릎 꺾인 누군가의 가슴에서 꽃으로 피어나리라는 믿음… 눈물뿐인 세상일지라도 눈물들의 이야기를 들어주고 고개 끄덕여주는 것만으로도 눈물 세상이 향기로워지리라는 믿음…눈물들의 한恨은 되갚아야 풀리는 한이 아니다. 되갚아줄 상대의 아픔도 못 견디는 착한 눈물들의 생이 시로 꽃피어난다. 나의 눈물 젖은 시를 세상의 모든 눈물에게 바친다. 나는 너에게로 흐르고 너는 나에게로 흐름으로써 세상 모두가 우주 안에서 한 피붙이인 것이다.

전남 장성이 고향인 전숙 시인은 전남여고와 전남대 간호학과를 졸업했다. 그 후 나주시 노안면의 금안보건진료소에서 보건진료소장으로 33년을 일했다. 고향에 버금가는 삶의 터전이었고 또 안식처였다. 청춘을 불살라 주민들의 건강을 책임지면서 어르신들의 딸이 되었다. 시인으로 등단하면서부터는 나주 문화예술운동에도 앞장서서 헌신해 왔다. 다시 시간을 되돌린다 해도 금안진료소를 택하겠다는 전숙 시인, 나주에 대한 절절한 그리움과 주민들에 대한 사랑이 전해져 왔다.

광주 문단에서 큰언니 혹은 친정엄마 같은 시인으로 통하는 전숙 시인이다. 그만큼 폭넓은 문단활동과 습관처럼 몸에 밴 배려, 여러 어려운 문제에 자기 일처럼 안타까워하면서 상담역할을 해왔기에 가능한 일일 것이다. 학창시절의 별명조차 '엄씨'였다니 하루 이틀 만에 만들어진 캐릭터가 아닐 터... 전숙 시인은 자신의 첫 시집 『나이든 호미』의 '시인의 말'에서 '어머니'라는 말을 과일 속살처럼 부드럽다고 하였다. 그리고 그 부드러움에 대하여 '나이든 호미'를 예로 들었다. 낡은 호미는 새 호미보다 날이 무뎌져 있다. 풀을 매거나 작물을 수확할 때 힘은 들지만 생살에 상처를 내지 않는다. 잡초까지도 상처가 없기를….

전숙 시인(61)은 전후 시대를 살아온 광주의 여류시인이다. 한국전쟁을 직접 아프게 겪은 세대는 아니지만 근대화의 소용돌이를 정확하게 관통했다. '보릿고개'로 대변되는 어려운 시기를 같이 겪으며 그 시대의 어머니들의 눈물의 짠맛을 시인의 혀로 기억했다. 우리의 어머니들은 호구지책이 먼저였다. 까만 눈의 새끼들을 굶기지 않기 위해서라면 남의집살이도 마다하지 않았다. 시심(詩心)이 일어나면 참새를 쫓듯이 멀리 쫓아버렸다. 시 같은 거, 문학 같은 것은 오히려 빨강립스틱처럼 활동사진 속의 서양여자처럼 낯설었으리라. 그러나 만약 우리 어머니들이 시를 썼다면, 그들이 시심을 밝혀 노래하고 싶은 것은 무엇이었을까? 전숙 시인을 보면서 전후세대 어머니들의 모습을 떠올려 보았다. '큰언니'라든가 '친정엄마' 같은 말은 부담스럽고 과분한 말이라고 손사래를 치는 다정한 모습... 전숙 시인의 시가 태동하는 시작점을 알 것 같다.

세 편의 시집은 우리들의 현재 진행형

전숙 시인은 시를 쓰는 일이 '상처의 번역자, 눈물의 대필자'라는 말을 한다. "무의식의 세계에서 내가 말하는 것을 받아쓴다." 창작이라고는 하지만 자연의 소리, 마음의 소리를 옮겨 적는 일, 일종의 대자연의 대리자와 같다는 말이다. 공감되는 말이다.

어머니가 자장가처럼 들려주었던 말을 기억하고, 가물가물한 어린 시절의 어머니의 장롱을 떠올리는 시인... 그녀에게는 아직도 못 버리는 낡은 장롱이 어머니의 유품으로 있다. 다리가 부러졌는데도 끌어안고 산다. 시인은 장롱에서 어머니를 느끼고 하염없이 회한의 눈물을 흘린다. 그렇게 어머니를 추억하고 유년의 기억을 모아 첫 시집 『나이든 호미』(2009)를 냈다. 날밤을 새우면서도 쓰지 않으면 죽을 것 같아 쓰고 또 썼다. 칼날 위에 서서 강신무를 추는 무당처럼 마음에 들려오는 말들을 받아 적었다. 첫 시집을 내자 숙제를 마친 기분이 들었다. 후회하고 후회했지만 어머니는 아무 곳에도 안 계셨다. 대신 자신이 어머니가 되어 있었다. 돌이킬 수 없는 시인의 길에 서 있었다.

전숙 시인의 두 번째 시집 『눈물에게』(2011) 는 제목 그대로 세상의 '눈물에게' 바치는 헌시다. 어머니와 유년의 기억에서 나아가 이웃을 돌아보는 시간이다. 이 시집은 '제3회 최치원 문학상' 수상시집으로 선정되기도 했다. 시인의 약력 난도 점차 늘어나는 것을 볼 수 있는데, '푸른사상사'에서 선정한 『오늘의 좋은 시』에 「주름(2010), 「눈물에게」(2011), 「하늘말나리」(2012), 「변호사」(2015), 「산소호흡기」(2016)가 선정되기도 했다.

한 편의 소설처럼 진화하는 전숙 시인의 시, 어머니를 바탕으로 눈물시대를 열었다. 세상의 어떤 아픔도 다 눈물로 씻김을 받는다. 눈물이야말로 인간에게 허락된 생애의 진정한 축복이 아닐까? 슬퍼도 울고 기뻐도 울 수 있는, 때로는 기름진 흙이었다가 때로는 거친 황무지가 되는 인생의 여정에서 진정으로 우는 일… 나를 위해, 세상을 위해 진정으로 마음 바쳐서 우는 일…붉은 피 같은 피눈물, 검은 십자가에서 흐르는 검은 눈물…, 세상의 모든 눈물로 울어보는 시인의 마음이 독자로 하여금 눈물샘을 파게 한다. 그리고 씻김을 받듯 아침이슬처럼 찾아오는 정화의 평화…

2015년도에 발표한 제3시집 『아버지의 손』을 보면 전숙 시인의 활달한 시적 전개가 보인다. 발단, 전개, 위기, 절정으로 가는 소설의 구성단계처럼 시상의 발단이 『나이든 호미』였다면 전개에 해당하는 『눈물에게』, 그리고 『아버지의 손』은 위기에 해당하는 것은 아닐까 하고 조심스럽게 예측해 본다. 전숙 시인의 시선이 어머니로 시작하여 이웃(눈물)을 건너서 세상과 우주로 향하는 『아버지의 손』을 보았기 때문이다. 정말 빠르게 변하는 시대다. 한 세대가 가기도 전에 우리가 아는 지식이 무용지물이 되기도 하고, 어린 적 꿈꾸었던 많은 것들을 눈앞에서 보지만 행복하지도, 실감이 나지도 않는다. 이것들은 '알파고'를 만난 '이세돌'처럼 인류의 총체적인 위기상황이 아니고 무엇인가. 뼈 빠지게 일하여 오늘을 만들어 놓은 우리들의 아버지는 지금 무엇을 낙으로 삼고 있는가…

아버지의 푸른 혈맥이 흐르던 손은 메마른 사막이 되었다. 그렇지만 쉼을 얻지 못했다. 다시 '손자'라는 짐을 져야 했다. 그 가족의 얘기에서 시 「아버지의 손」이 탄생했다. 아프다… 남의 아픔이 내 아픔이 된다. 우리의 아픔이 된다.

눈을 감고 만지면
아버지의 손은
죽어 천년을 산다는 사막의 나무
한때 그 몸에 푸른 이파리 살랑였던 기억까지
깡마르게 지워낸 호양나무의 수피처럼
갈기갈기 거친 호흡으로 덮여 있었다.

- 「아버지의 손」 부분

심미안, 조금씩 더 깊어져가는 우물

전숙 시인은 광주문단의 중견시인으로 광주의 대소사를 지나칠 수가 없다. 천주교인이면서도 방언처럼 입에서 저절로 나오는 시구(詩句), 이명처럼 귀에 울리는 시구를 식구처럼 안고 살아야 했다. 2007년 광주항쟁에 대한 시를 쓰게 됐다. 새벽 3시쯤이었을까. 꿈인 듯 현실일 듯 잠자리에서 일어난 전숙 시인은 '꽃과 꽃 사이 오월'이라는 제목을 받았다. 민주와 민주 사이, 오월의 아픈 꽃, 그 가시 같은 꽃, 그러나 아름다워야 할 꽃으로 5·18공식추모시를 썼다. 그리고 오월영령들 앞에서 피를 토하듯 낭송을 했다. 그렇게 2014년까지 8년간 오월 추모시를 쓰며 영령들의 영혼을 한 송이 한 송이 꽃으로 피워냈다.

시인은 늘 기다리는 사람, 시를 기다리고, 그 시가 행복한 시였으면 하고 바라고, 시를 통하여 사람들이 쉼과 위로를 받고 작은 용기를 충전하기를 바란다. 다시 태어나도 시를 쓰고 싶다는 전숙 시인이다. "제 시의 시작과 끝은 우주의 종교인 모성 즉 '측은지심'입니다."라고 말하는 전숙 시인에게서 '어머니의 향기'가 보랏빛 라일락향기처럼 풍겨왔다.

전숙 시인과 마주 앉은 시간, '전숙'은 없었다. 우리는 서로의 영혼을 빌려서 영혼의 눈에 비친 이야기를 들려주고 받아 적었다. 그녀의 가슴에 담긴 시를 들었다. 한 마디 한 마디 아린 시간의 틈으로 저녁바람이 불어왔다. 노을을 거둔 해거름 사이로 저녁 불빛이 스며들었다. ('문학의 향기' 『대동문화』 95호, 2016)

전숙 제4시집

꽃잎의 흉터

2017년 9월 20일 인쇄
2017년 9월 25일 발행

지은이 | 전　숙
펴낸이 | 강 경 호
기획 · 인쇄 | (주)시와사람
등 록 | 1994년 6월 10일 제 05-01-0155호
주 소 | 광주시 동구 양림로119번길 21-1(학동)
전 화 | (062)224-5319
팩 스 | (062)225-5319
E-mail | jcapoet@hanmail.net

ISBN 978-89-5665-493-5 03810

값 10,000원

* 지은이와의 협의로 인지를 붙이지 않습니다.
* 이 시집은 광주문화재단의 문예진흥기금을 지원받아 제작되었습니다.

공급처 ■ 한국출판협동조합
경기도 파주시 탄현면 오금리 202번지
주문전화 (02)716-5616, 070-7119-1740